心理育人

陈鹏◎主编

全员育人 全程育人 全方位育人

湖南师范大学出版社

图书在版编目（CIP）数据

心理育人／陈鹏主编．—长沙：湖南师范大学出版社，2020.7

ISBN 978－7－5648－3851－5

Ⅰ．①心…　Ⅱ．①陈…　Ⅲ．①大学生—心理健康—健康教育　Ⅳ．①G444

中国版本图书馆 CIP 数据核字（2020）第 112242 号

心理育人

Xinli Yu Ren

主　编　陈　鹏

◇责任编辑：孙雪姣

◇责任校对：蒋旭东

◇出版发行：湖南师范大学出版社

地址：长沙岳麓山　邮编：410081

电话：0731－88873070　88873071

传真：0731－88872636

网址：http：//press. hunnu. edu. cn

◇经销：湖南省新华书店

◇印刷：河北浩润印刷有限公司

◇开本：850 mm×1168 mm　1/32

◇印张：10

◇字数：225 千字

◇版次：2020 年 7 月第 1 版

◇印次：2024 年 9 月第 4 次印刷

◇书号：ISBN 978－7－5648－3851－5

◇定价：49.00 元

目录

上编　健康与心理健康

下编 心理咨询与心理治疗

上编

健康与心理健康

一、走进健康与心理健康的神秘世界

1. 大学为什么要开设心理健康教育课程

来访者自述

我是一名新生，听老师介绍，我校心理健康教育工作开展得不错，我想申请到学校心理健康工作部争取当一个干事。现在我想请问一下，高校为什么要成立心理健康工作部？这事到底与我们大学生有多大关系？

心理师分析

心理健康教育已纳入高校政治思想教育，也是其中的一个重要内容。心理健康是指身体、智能以及情感上与其他人基本上不相矛盾，将个人的心境发展成最佳状态，保持旺盛的斗志与神采生活和工作。一般是指智力正常；能够协调和控制自己的情绪；有较强的意志品质；与他人能和谐相处；能主动地适应和改变周围环境；有完整的人格；心理行为合乎自己的实际年龄标准。总之，一个人的心理健康从广义上而言是指一种高效而满意的持续的心理状态；

从狭义上讲是指人的基本心理活动过程内容完整，协调一致，即知、情、意、行和谐一体，能与他人相处，适应社会，很好地生存和发展。现代社会要求人具有很高的心理素质，这是时代发展的需要，是社会全面发展对人才的必然要求。大学生好像一座座金矿，蕴藏无穷又价值无比，如果每一个人都能最大限度地开发自己的潜能，那将是一个了不起的成就。心理健康工作就是引领大学生去掉不良的、消极的心态，激发潜能，充分调动积极性，增进身体健康和心理健康，促进其全面发展。

（湖南工业大学　陈　鹏）

2. 心理健康的标准

来访者自述

关于什么是心理健康您讲了很多，我有些混乱了。是否有一个简单一些的衡量标准呢？请您简单总结一下好吗？

心理师分析

就像你所说的，关于心理健康的标准问题，全世界有多种说法，各种说法之间侧重点有所不同。现在将最有影响力的人本主义心理学家马斯洛的 10 条标准介绍一下：

（1）有充分的自我安全感；

（2）能充分地了解自己并恰当地估计自己的能力；

(3) 生活理想切合实际；

(4) 不脱离周围现实环境；

(5) 能保持人格的完整和统一；

(6) 善于从经验中学习；

(7) 能适度地宣泄和控制情绪；

(8) 有良好的人际关系；

(9) 在符合社会和团体的要求之下能适当地发挥个性；

(10) 在不违背社会道德前提之下，适当满足个人需要。

为了便于记忆，我认为可以简单地总结为“三能四有”。“三能”是能正确地认识自我和接纳自我；能正视现实，有目的、有计划地学习；能保持和谐的人际关系。“四有”是有良好的适应能力；有顽强的意志品质；有良好的情绪状态；有完整、健全的人格。

（湖南工业大学 陈 鹏）

3. 心理健康和亚健康的分水岭

来访者自述

很多同学在别人有一点问题时就说人家有心理问题，就是心理不健康，或亚健康，所以同学们总是害怕别人讲自己有心理问题。心理没有问题或是心理存在问题的标准是什么？用什么来界定呢？

心理师分析

在日常生活和工作中，大学生都有不同程度的学习压力，都有一定的矛盾或冲突，都有一些与家人、同学、朋友在情感上的不和谐音符，这种情况不能说某人心理不健康，或称某人就处于亚健康状态，更不能说心理变态、神经症或精神症。对于健康与亚健康概念，是很难区分的。比方说某人上午跟别人闹了别扭，情绪低落，影响了学习，甚至对着另外的人发脾气；但是下午，这个人的情绪慢慢恢复，人际关系也修好如初，你不能说这个人上午处于亚健康，下午就是真正健康了。亚健康是指一个人处在心理健康与心理障碍之间的心理状态。一般人都不想与亚健康沾上边，也不愿意自己有什么心理问题。其实社会人群中，真正有严重心理障碍的人很少，处于亚健康状态的人也不是非常多。心理学家认为，一个人的心理有些不适，只要不是太严重，个体能够应对，或是通过别人帮教之后完全能够应对，就算是健康了。一般来说，只要不影响个体的工作、学习和生活，与他人和社会基本保持一致就是健康了。如果感觉心里总是不好受，已经影响到自己的正常生活，与他人和社会环境不能协调一致时就是心理障碍了，这时就要去求助于心理咨询或心理治疗。

现实生活中，每一个人在社会中生活，或多或少要受到外界一些刺激，比方说心理冲突、心理压力、情感矛盾、学习困难、人际关系紧张等，都会不同程度地遇到。所以说，衡量一个人是否有心理问题不是看是否存在着某些局部的心理问题，或者说亚健康状态，而要看心理问题的严重程度，看个体对心理问题的承受程度，如果心理问题不严重，自己又能面对，遇事能自行调节与控制，那么这个人无疑就是一个心理比较健康的人。在心理疏导过程中发现有些人有疑病趋向，没有什么问题跑来找心理老师，什么别人讲自己有什么问题啦，还有看了一本书，觉得自己的某些特征有点像等，自己给自己贴上不健康或亚健康的标签，去强行对号入座，这些经老师指点一下又豁然开朗了。还有一个问题就是要打破传统观念，不要认为亚健康就是什么精神病和神经症等。

（湖南工业大学　陈　鹏）

4. 学校的心理咨询到底能帮助我们什么

来访者自述

很高兴今天能聆听到您的心理健康讲座，刚才您在谈到遇到有什么不顺心的事情可以给心理老师打电话、写信或到心理咨询指导室去进行咨询，老师会帮助我们，用科学的方法找回健康，主要是指心理健康。这里请您再向同学们公开讲一下，心理咨询到底能帮助我们什么？

心理师分析

好。这个问题提得好，有许多同学对心理咨询有误解。有人认为“心”病就是精神病，就是精神出了问题，心理咨询指导室便成为了类似于精神病院的地方，去了不是向别人宣告自己有什么问题了吗？那还有谁与自己交往？还有些人认为心理咨询根本就不起什么作用，那些大道理谁都会讲。

这要从素质谈起。人的素质是一个广义的概念，是人生来所具有的解剖生理特点，是人类的先天特征与在劳动中形成的后天特征共同凝结而成的“合金”，其实后天成分是素质的主要部分。后天特征是个体在先天生理的基础上，通过社会实践以及环境、教育的作用，逐步形成的比较稳定的心身发展的基本特征。素质是描绘个体条件和能力全貌的总和概念，其本身是一个完整的系统，它一般包括一个人的身体素质、心理素质、思想道德素质和科学文化素质等。素质既有显现的一面，也有隐匿的一面，而心身健康是人的最基本素质的体现。心理素质是个体在遗传的基础上通过后天的教育、环境的陶冶、社会活动以及人际交往之中所形成的较为稳定的基本心理品质。人的心理素质形成以后具有稳定性、可塑性、内隐性和外显性等。

心理咨询师与来访者之间在建立一种彼此信任的人际关系基础上，咨询师对来访者给予支持、帮教，最后使来访者改变认知，懂得某些方法与技巧，解决一般人心理上的苦恼与情绪上的困扰。

咨询的方式有门诊、信件咨询、网络咨询、集体咨询、电视台和广播电台即席咨询，还有电话咨询等，不论采用哪种方式向咨询师请求帮助，一般都可以收到效果，当然咨询师与来访者面对面的交流是最佳形式，这种面对面的心理疏导效果也可能是最佳的。心理疏导并不是万能的，有些来访者本身就有阻抗，不接受咨询师的观点，批判性极强，这种偏执型人格特质的人一般没有什么效果，还有求治心情不迫切的来访者效果也不佳。有些是在试探心理咨询师的水平与能力，其思维定势就是不求认同，只求检验自己的某些企图，在心理疏导过程中这种情况也是有的。

一般来说心理咨询能带给来访者五种心理帮助，也可形象地比喻成“心理扶贫”。

（1）教会你管理好自己的情绪

情绪有两个方面的属性：一种属性是指某人从事一种活动时产生的兴奋的心理状态，另一种是指不愉快时的某种情感。情绪是一台心理能量的“发电机”，可以源源不断地产生能量，用以推动着你的各种活动。情绪不好时也会自然地耗损我们的心理能量，还严重影响健康。心理咨询能帮你进行能量转化，让消极变为积极，化被动为主动，把心头阴云驱散，让你的心田充满阳光。

（2）帮助你多向思维，从不同角度去思考各种问题

思维是智力的核心成分之一，每个人的思维方式、归因倾向以及认识水平是大相径庭的，这里就不一一分析和举例了。心理咨询能帮你跨过人生暂时的“低谷”，迈向充满生机与活力的乐观世界。

（3）帮助你重新审视爱的能力

高校学生中，特别是女大学生爱情挫折感比男学生严重，心理咨询工作中的大量材料和已发表的论文也可以说明这一点。然而心理咨询老师会与来访者进行有效的心理沟通，来访者会感到自尊被关注、被唤起、被肯定，产生积极向上的情绪，形成一种新的心理能量，这种重新被唤

起的心理能量也许是消除挫折的最好“心药”，帮助受访者重新体验到施予爱与接受爱的力量。

（4）帮助你拥有健全的人格

人格的形成是一个非常复杂的过程，受到多种因素的影响。有些人格在儿童早期就基本定型。“人看从小，马看蹄爪”，这句话是非常有道理的。要改掉在幼儿期养成的陋习，是一个痛苦的过程，一种不良的人格特征也许会跟随你一辈子，发挥破坏作用。心理咨询虽不能完全把扭曲的人格重新扭过来，但至少可以帮助你瓦解某些不良的心理定势，指出危害性，使长期盘旋在你脑中的不良人格产生动摇，像自卑、自恋、自我封闭、抑郁等这样一些不良心态就会随之减轻甚至消失，使你的人生顺利一些，尽快实现理想，实现自我价值。

（5）帮助你应对人生各个发展阶段的种种危机

大学生在校有自己的发展任务，走出学校大门到了工作岗位以后同样有自己的发展任务，一个发展任务没有完成会影响到下一个发展阶段的正常发展。心理咨询老师会帮你进行心理分析，特别是分析再发展中如何发挥主体与客体之间的作用，调节情绪，调节发展目标，有时可以举一些实例来帮助你提高认识水平或改变某种畸形认识，帮助你寻找机遇，实现目标。

（湖南工业大学 陈 鹏）

5. 心理辅导、心理咨询与心理治疗的区别

来访者自述

我对心理辅导、心理咨询与心理治疗之间的区别，概念有点模糊，您可以再给我讲解一次吗？

心理师分析

心理辅导主要是对心理健全的人而言，当然对于亚健康状态的人也可以进行辅导。主要任务是促进成长，强调发展，帮助辅导对象发挥最大的潜力，为他们的正常发展清除“拦路虎”，重在预防。在“危机”到来之前，打好预防针，使之有一定的免疫力。心理辅导一般在学习、生活、社会环境适应、人际关系、情感问题、职业生涯等方面给予辅导，主要是通过讲课、讲座、报告会等形式进行。

心理咨询与心理治疗都是以心理学基本理论为基础，运用心理科学的方法帮助他人（一般指个体）解决心理问题的一门技术。心理咨询与心理治疗的相似之处：其一，二者运用的理论与方法基本相同，工作对象都是处于亚健康的人；其二，二者都是帮助来访者改变认知，重塑自我，走出心理误区，回到心理健康的行列之中。

心理咨询与心理治疗也有区别，最主要的区别是：心理咨询的工作对象是基本上心理正常或处于亚健康边缘状态的人，而心理治疗主要是针对心理有障碍的来访者；心

理咨询重点是处理正常人与正常人之间的各种各样的问题，而心理治疗主要是针对心理存在某种问题或者正在康复中的心理行为障碍者；心理咨询耗时很短，一般一次或两次即可，而心理治疗耗时长，有些要数次或数月才能完成治疗任务。在处理问题的角度上也有区别，心理咨询具备教育性、支持性、指导性，主要是在浅层次的意识领域进行；而心理治疗则主要是向无意识领域挖掘致病因子，重塑人格，有时还要辅以催眠、放松或采用系统脱敏，甚至是行为疗法等才能治愈。如果要细分，还有一些区别。需要说明的是，这是从理论上来区分，具体实施过程中，可能是心理咨询和心理治疗结合进行，只不过是有所侧重，有所取舍罢了。

这三者之间既有联系又有区别，一般来说只有专门从事这方面工作的专门技术人员才去深刻地认识它，而对于来访者和初学者不要深挖。况且，这三者在学术上也有争论，目前全世界没有一个权威的说法，专家之间认识也不一致。

（湖南工业大学　陈　鹏）

6. 心理健康的“八珍汤”

来访者自述

我不是您心理素质班的学生，今天来旁听。因为我听同学说，您讲了一种心理健康的药物，听说有八味，叫心理健康的“八珍汤”，您能给我讲一下吗？

心理师分析

心理疏导过程中，咨询师要用若干方法帮教来访者，使之由亚健康转化为心理健康。俗话说，心病还得心药治，这种“药”不同于中医和西医里面的物质方面的药，而这是一种精神理念，一种行为风格方面的“武器”。

这八味“心药”包括：

第一是对自然界、对生活的环境应该有一份爱心，只要有了这份爱心，爱能治疗一切“伤口”，这是心理健康的基础。

第二是心存善良，有机会和条件要尽量帮助别人，“送人玫瑰，手留余香”。

第三是一个人要有正气，只要正气在胸，就能不怕任何邪气。坚定的信念给自己最大的勇气。

第四是要宽容别人，能接纳各种不同意见，真正做到“宰相肚里能撑船”。

第五是孝顺长辈，这是中国人的优良传统，星期天不管有事无事都可以向家里打一个电话，问候他们并介绍自己的情况。

第六是老老实实做人，认真学习，遵守学校各项制度，以纪律来约束自己，不弄虚作假。

第七是讲求奉献精神，不图回报，如果一开始做好事就想图回报，那么对方如果没有回报就会产生心理失衡。

第八是不要妒忌同学，要“见贤思齐焉”，妒忌人家既伤对方又伤自己。

“八珍汤”是治疗心理疾病的“药”中的一种，其实每一位心理专家根据来访者的不同“病情”，所用的“药”物也是不同的。

（湖南工业大学　陈　鹏）

二、心理健康的“心育”功能

7. 常服用安眠药好不好

来访者自述

我是一个从乡下来到大学的女孩子，那些从小在城里长大的女孩子嫌我土气，在许多事情上排挤我，平常不跟我说话，也就很少交往。我很生气，长期头痛、耳鸣、失眠。在小诊所看病，医生说吃安眠药，既可省钱又解决问题，吃完药后就想睡，一切烦恼都没有了，但我又怕总是吃药对身体不好。请问安眠药能常吃吗？

心理师分析

神经系统的基本活动方式是反射。反射就是有机体通过神经系统对一定刺激所作的规律性反应。人的全部心理活动毫无例外地都是凭借反射发展起来的。因为人的心理活动是脑的机能，没有了脑也就没有了心理，心理是客观现实在头脑中的反映。有机体在大脑内部或外部刺激物的作用下，大脑皮层发生两种不同性质的活动，也就是兴奋活动和抑制活动，这是高级神经活动的两个对立的基本过程，即兴奋过程和抑制过程。兴奋过程激发和加强皮层兴奋中心相关联的器官、腺体、肌肉的活动。在自然状态下，人的兴奋过程和抑制过程是相互诱导和交替的，这是人的高级神经活动的规律。如果长期服用抑制药物就会削弱甚至停止人体各器官之间的活动，当然对生理、心理有害。心病还须心药医，还是按自然规律办事，依靠体内“生物钟”来控制兴奋与抑制的相对平衡为好。

美国人本主义心理学家马斯洛谈到人的需要时指出：人有五种基本的心理需要，即生理的需要、安全的需要、自尊的需要、归属与爱的需要、自我实现的需要。青年女大学生最害怕的是寂寞，加上人性共有的一种归属和爱的心理需要，想通过归属某一群体或组织，心理上产生一种依托，求得平衡和获得一种安全感。这种心理在读中小学时不会强烈，因为你在乡下读书，周围同学的出身境遇与你差不多，又有父母呵护、照顾、关怀，心理相对平衡，不会失衡，不会有烦恼。进入大学以后，从农村来到了城市，由中学升入大学，环境变了，人也多了，人与人之间的关系自然也变得复杂微妙，对自己有利的、获益的自然会喜欢、满意，反之亦然。所以出现一些心理不适要找心理指导老师解决，俗话说，心病还得心药治，吃安眠药是不能解决问题的，况且对药物形成依赖就更难矫治了。

（湖南工业大学　陈　鹏）

8. 女大学生如何进行自我心理保健

来访者自述

您多次讲座我都听了，也懂得了心理健康的重要性。有关心理自我保健这方面的常识，您给我说说吧，尤其是针对女大学生这方面的。

心理师分析

当代女大学生是高校中的知识女性，是青春与活力的载体，是智慧和美感的寄托，是校园中一道又一道亮丽的风景线。她们拥有快乐、拥有浪漫、拥有青春、拥有展示自己的那份典雅；她们在高校校园中生活着、学习者，自由自在，如诗如画，载歌载舞。

女大学生如何保健，各自都有自己的“绝招”。化妆、美容、跳健美舞，个个都想成为快乐的天使。其实最需要的是构筑自己的心灵美！只有心理健康了，才是真正的健康，只有心理保健才能使身躯楚楚动人，使心态平衡、精力充沛。在心理疏导过程中，心理专家好像发现女大学生的心理问题比男大学生的心理问题容易治疗得多，效果也好一些，这些优势是女大学生心理保健的基础。

健康是指身体、心理和社会适应三个方面都呈良好状态，不仅是指没有疾病。心理健康是指一个人的心理状态，对自己的内部环境有一种安全感、自信心；对外部环境能以社会上认可的行为进行各种社会活动，包括你们现在的学校活动。即使遇到一点什么困难和问题，心理能够自然调整、控制，具有一定的意志品质，对周围的自然环境和社会环境均保持良好的适应状态，这种状态下的心理特质可以算是健康的心理状态。

总之，心理健康是一种持续的心理状况，心理健康者在各种情况下能作出良好的反应，具有生命的活力，而且能充分发挥心理潜能，充分地发掘自己的心理潜能并获得一种满足感，愉快地接受生活的规范，有较高的智能，时时保持乐观心态。总而言之，心理健康的人在社会中生活、学习和工作，一方面能被社会接受并认可，另一方面也能悦纳自己。

影响心理健康的因素一般有自己的生理因素、客观环境因素和自身个性因素。关于如何进行自我心理保健可以从以下五个方面着手。

（1）要保持健康的情绪

一个正常的人，他的情绪表现应当与刺激的性质与强度相一致，当喜则喜，当悲则悲，不可无动于衷。但强烈的喜和怒会损害自己的心理健康，女大学生不要做情绪的俘虏。心理学理论告诉我们：转移目标是控制情绪最好的办法。

要明白这样一个哲理：什么事情都可以转化，坏事有时可以向好的方面转化，好事也可以向坏的方面转化。“塞翁失马”“因祸得福”，说的便是这个道理。

（2）要正确认识并接受

一个女大学生要全面地认识自己并不容易，我们能很准确地看到别人的优点和短处，但对自己进行全方位的认识比认识别人难，这是一个传统的思维定势在起作用。其实自我评价相当重要，如果对自己评估过高或过低，对内会产生自负或自卑情绪，对外会适应困难，引起各种矛盾与冲突。所以认识自己、接纳自己对于心理保健相当重要。

（3）要建立良好的人际关系

人的心理适应，除了对自然的客观环境之外主要是对人，也就是人际关系的适应。人际关系就是一种处世哲学，有人认为对别人好，请客送礼，做好好先生，不得罪人，面面俱到的人容易建立良好的人际关系，但这只是表面现象。主要是要看人与人之间相容的那种互动需要与效果，这才是处理人际关系的准绳。有了这个准绳，自然会去调节、适应、维持、强化和疏远、脱离、断绝人与人之间的各种关系。有的人不了解这个“奥秘”，在理论上探索得不深，又没有名家指点，人家根本从心理上不接纳你。你只要认为对自己有利就去请客送礼，一味地委曲求全、巴结奉承、讨好人家，反而会碰一鼻子灰，酿成心理的极大不愉快，还反怪别人不通情理、没有人情味、恩将仇报。其实这都是由于自己没有真正地认识他人，也没有真正认识自己所致。

西方心理学家认为，人际关系的冲突和矛盾中，有60%是因为上下级呈纵向方面而产生的，只有30%是因为平行水平性交往中产生即横向而产生的，还有10%的矛盾与冲突是介于横向与纵向之间的边缘状态。知道这一观点以后，我们就要特别注重上下级关系的处理。

（4）要热爱自己的专业，刻苦学习

女大学生在校主要任务是学习，这是一种硬指标，这一点搞好了，其他各方面也会芝麻开花节节高。这个问题其他老师讲得多。这里我只略提一下。

（5）要广泛地培养自己的兴趣与爱好

兴趣是最好的老师，是一种精神生活的需要，与人的心理健康有着十分密切的关系。一个人如果兴趣广泛，一定会感到生活充实，增加对生活的热爱；反之，生活就会索然无味。在高校学习期间，这一点显得尤为突出。女大学生一般要比男学生兴趣广泛一些。据观察，好像只有足球场上女大学生少一些，其他的比如跳舞、唱歌、英语演讲等，女大学生都多一些，这可以说明女大学生的兴趣、爱好是广泛的。兴趣对于调节心身是有好处的，有时也要适当地来调节自己的兴趣，那就要因人因地而定，没有一定的模式，也没有一定的规律，要靠自己去总结、探索。

（湖南工业大学　陈　鹏）

9. 怎样建立大学生心理健康档案

来访者自述

我是学校心理健康工作部的干事，学校团委要求我们对今年新生建立系统心理档案，我们现在要开始工作了，您可以给予原则上的一些指导吗?

心理师分析

建立大学生心理档案是一件很严肃的工作，科学性很强，技术性也很强，必须要求建档人员通过正规的业务培训，有较高的心理测量技术水平和职业道德水平，对学生具有高度负责的精神和实事求是的态度，遵循心理谈话、测量与诊断的有关原则，尤其注重保密性，不得侵犯个人隐私，更不能用作度量学生优劣的标准。

建档可采用观察法、自述法、问卷法、谈话法和心理测评等方法，真实地记录学生的性格、气质、智力、学习、生活、亲子关系、师生关系、同伴关系、自我认识以及社会适应能力等方面的情况。根据情况的不同，予以鉴别、分类，并且在日常工作中对不同的学生给予不同程度的关注。档案建好后放入保密室，指定专人管理，编号上架，待需要查阅时再随时调出。

（湖南工业大学　陈　鹏）

10. 思想政治工作与心理健康教育工作的异同

来访者自述

我是一名学生工作人员，组织上分配我专抓大学生的思想政治工作和心理健康教育工作。还好，思想政治工作有学校团委把关。但是对于心理健康教育我是一个“门外汉”，向您请教一下，思想政治工作与心理健康教育工作有什么区别？两者是不是一回事或根本就是两码事？只有我弄明白了，才能更好地配合您的工作。

心理师分析

我先简单地讲一下心理健康教育与政治思想工作的异同，这两者在我们国家有相同之处，依我看，这是具有中国特色的一种精神产物，也是中西文化交汇时期的一个心理概念。中国历来就崇尚儒家学术思想，把儒家学说作为“治国之本”，后来强调思想政治工作。然而心理健康教育则是一个“舶来品”，是西方文化的一部分。随着现代社会的发展和进步，心理健康教育工作已越来越引起人们的普遍关注和重视了，也越来越显示着它的生机和活力。

思想政治工作一般是处于一定领导地位或具有一定权力的人对所属人员进行的一种思想教育，具有“居高临下”之感，而且是存在于一定团体与组织之中，在某种程度上，带有一定的约束性，有时甚至个体不可能去自由选择，只有服从，甚至是不得不去服从。思想政治工作主要是讲清道理，明辨是非，告诉个体怎么去做事，怎么去做人，使个体的思想与行为与组织、团体保持一致。

思想政治工作是东方文化中的一种教化方式，是从宏观、战略、整体入手的，强调个人必须服从整体，局部服从全局，微观应在一个宏观的指导下进行。然而心理健康教育工作正好相反，它教育的对象是个体。心理学是研究人类的心理现象，揭示心理产生和发展规律的一门科学。心理健康教育是从个体入手的，主要是要求每个人的心理活动或心理状态要与团队、组织、社会的发展保持一致，要有很强的适应性，只有更好地适应，才能更好地发展，个人的发展必须同社会的发展保持一致，个人的思维与行为必须与整个社会保持相对的统一性。在这个方面，不同的学者、不同的专家对二者的理解也仁者见仁，智者见智，没有一个定论，也没有一种完全权威的说法，我所讲的只是代表个人观点。

（湖南工业大学　陈　鹏）

11. 影响大学生心理健康的因素是什么

来访者自述

今年我儿子上大学了，第一次离开我们。我看报纸、电视上经常说大学生有心理问题，对这个我们既不懂又害怕。想请教您一下，大学生心理问题有哪些？

心理师分析

心理学多项研究成果表明，导致心理疾病的因素复杂，一般来说，化繁为简，不外乎是生理的、心理的，以及社会诸因素的刺激后作用于个体的结果。至于大学生这一群体的心理问题也是由这几大项所构成。

（1）大学生个体心理因素的互动影响

大学生年龄一般是17至25岁之间，处于青春中后期。

青春期乃人生中的“多事之秋”，是个体心理发展、变化最激烈的时期，面临着一系列的生理、心理和社会方方面面的适应与问题。处在这一时期的大学生比中学阶段的心理表现更加复杂化、多元化。生理基本成熟但心理尚未成熟，情绪不稳定，心理冲突与心理矛盾几乎每天与人生相伴，具体表现是：

①自我同一性危机

到了大学以后，孩子自由想象空前活跃，对自己的未来蓝图的勾勒比以往任何时候都强烈、实在，在不断地自省内察自我，探索自我，确定“自我同一性”问题。种种内心的自我评价和认知的矛盾相碰撞，有时散发出耀眼的火花，有时也可能陷入迷惘的惆怅，情绪的波澜有时是涟漪，有时是骇浪。这些现象也可以说是危机的“潜伏”，也可以说是动力的源泉。

②个性的缺陷大于个性的日臻完善

心理学的任务是研究正常的心理现象，揭示心理的产生、发展规律。心理教育工作者的任务就是使有异常心理的对象改变个性，不断地完善人格的修养。然而大学生是由中学向社会过渡的一个关键时期，这一时期除了必须学好自己的专业之外，还要使自己不断地完成社会化过程，改变不适应社会的某些个性，逐渐地达到日臻完善。有些大学生性格内向、心胸狭窄、孤僻封闭、自卑、忧郁、急躁冲动，固执多疑、爱慕虚荣、感情脆弱，要想办法使他们向外向型发展，使之开朗大度，乐观向上。

③心理素质不完备

从现实情况来看，整个社会的发展变化加快了步骤，人们都生活在紧张的气氛中，竞争激烈的因子无时无刻不在波及着大学生，使其心理压力加大。心理学把压力叫作应激，这时大学生的心理素质很难跟上时代的要求，他们害怕现实担心失败，遇到矛盾和问题埋怨多，自其理顺和解决问题的少，有可能陷入消极的泥潭，如得不到及时的心理治疗，可能导致心理障碍。

④情绪的两极性现象

大学生的情绪容易激发，也容易“冷却”，起伏过大，左右不定，强烈的情感要求与内心的闭锁形成矛盾，形成情绪的两极态势。遇到某种外界刺激时，情绪激荡，缺乏冷静的思考，容易走向极端，所以最容易领略到人生各种苦恼的滋味，由此产生内心的矛盾与冲突，容易诱发各种心理障碍。

⑤性的生物属性与社会属性的激荡

大学阶段，孩子们对性的欲望增强，很想去体验体验，但学校、社会、家庭又有许多“清规戒律”，只好压抑自己，有些通过学习、社交、娱乐等途径进行转移和升华，释放与补偿；有些要么早恋，要么就为此焦虑、失望、生闷气，产生变态心理，甚至出现行为变态。

（2）大学的使命对心理带来影响

学习是大学生的重要使命，学成之后服务于社会，造福于人民，实现自己的人生价值是学习使命感的外延和发展。这些“使命感”也容易产生一些心理问题。

①负担过重

为了学好基础课和专业课，还要选修一些其他课程，大学生每天学习总时数达 10 个小时以上，可能带来睡眠不足。这种现象时间长了，能使大脑皮层活动机能减弱，注意力、记忆力、思维力和想象能力受阻而影响智力活动。如果家长对孩子下达很多硬性“指标”，学校又抓得紧，自我期望过高，则容易导致神经衰弱或其他心理障碍。

②专业不合口味

进入高校之前，有些是凭招生简章来报填专业的，这里有一定的“黑洞”，有些报专业是迫于某种压力和受考分的直接限制，根本就不是自己的兴趣和爱好，不是自己的志向，换专业又不成功，只好“让老牛拖破车”，因此学习提不起劲，消极悲观，心理冲突强化，造成心理障碍。其实专业思想和专业技能可以重新培养，在同一所学校可以选修几个专业，拿双文凭，获双学位，这种思路是解决这一心理障碍的灵丹妙药。

③高校生活单调

大学毕竟是一个文化阵地，不是大千社会，一般是课堂、食堂、寝室“三点一线”，尤其是大学的分部、二级学院、民办大学或特殊的系、专业等，这一点更为突出。这正好与充满理想、爱好生活、憧憬美好的大学生心理形成一个巨大的反差。

（3）社会环境对大学生心理健康的影响

越来越多的心理学家重视环境对人的心理产生的影响，特别是社会大环境的改变，即计划经济向市场经济转轨，人们的生活方式、价值观等也发生了许多重大的变化，大量的新的、激烈的社会刺激对人的健康心理冲击也很大，从而导致心理问题与日俱增。

①社会文化背景

东方重义，西方重利；东方尚礼，西方尚法；东方重“万事和为贵”，西方重“竞争推动社会”；东方重集体利益的整体观，西方重个人利益的合法化。两种道德、两种观点、两种不同的思维导向能使大学生由聪明到愚钝，由生龙活虎到抱头鼠窜，接踵而来的空虚、混乱、压抑、紧张使他们处于两难境地，进亦乎，退亦乎，此焉彼焉，如果长期这样必然会出现多种心理不适。

②传播媒体的误导

目前媒体由报纸、广播、电视发展到电脑、手机。传媒可以传播积极信息，也可以传不健康的信息。大学生辨别能力差，很容易接受负面的信息，造成误导。

③家庭教育缺乏科学性

家庭是社会的细胞，父母是孩子的第一任老师。越来越多的心理学家重视幼儿教育对孩子的心理影响，一个人特别是早年形成的人格结构会在今后的心理发展中打下深深的烙印。特别是强迫症、焦虑症、恐惧症和抑郁症几乎都与父母有关，孩子性格一般直接受制于父母性格影响，有些偏向父亲，有些偏向于母亲，偏向于母亲性格的达70%。在家庭中形成好的性格对孩子终生有好处；若形成不好性格，如早期孩子的孤独无助感，难以与人相处，对人表现出较少的情感温暖、较多的抗拒态度，安全感受缺乏，长大后容易形成这样或那样的心理障碍。中西方心理学家给有心理障碍的来访者诊断与治疗，总是要询问幼年期心理的创伤，找出诱发因素和潜伏因素。临床经验多次告诉我们，有些大学生或成年人的心理积患如果把幼年期的致病因子挖出来以后，告诉对方这是一种孩子似的心理在成年人心理的反映，只要深刻地认识这一点，把幼年心理去掉，那畸形心理就会荡然无存。我国著名心理学家钟友彬教授创立的“认知领悟疗法”就很讲究这一点，所以家庭中如何运用心理学的原理根据不同年龄段的孩子进行教育，是一个很值得研究的科学领域。

需要指出的是，我似乎负面效应的心理问题谈得多，而正面效应涉及少，这可能与自己的职业有关。但是，真正有心理问题的大学生还是少数。

（湖南工业大学　陈　鹏）

三、心理疏导是增进心理健康的重要途径

12. 当代大学生应具备什么样的心理素质

来访者自述

我在学生工作部工作，工作要求我促进大学生的全面素质的提高。那么我想了解一下，大学生的心理素质包括哪些？怎样提高呢？

心理师分析

当今管理学家提出了这样一个观点：人的知识不如人的智力，人的智力不如人的素质。

《简明心理学辞典》中把素质定义为："素质又称天赋，是个体与生俱来的解剖生理特点，这些特点是通过遗传而获得的，所以又称为遗传素质。主要是指神经系统、感觉器官和运动器官的特征，其中脑的特性尤为重要。"

《辞海》把素质定义为："素质可以理解为人的自身生存与发展的生理基础特征以及在社会实践中积淀形成的相对稳定的、长期发挥作用的基本品质，它是自然和历史进

程赋予人的潜在力量。”

当代大学生应具备的素质是：生理素质、心理素质、思想素质和科学文化素质。

作为一个人综合素质的重要组成部分的心理素质，是先天成分和后天成分共同合成的。

人的心理素质是社会生活和社会实践中经过反复的活动，逐渐凝结成为自身所具有的心理特征。因此心理素质是社会实践的产物，是在长期社会活动中心理活动的结晶，它是在先天素质的基础上，经过后天的学习和实践逐渐发育与成熟的。所以心理素质又可以理解为是以遗传为物质前提，在环境与教育的作用之下，通过社会实践活动而形成的比较稳定的个性心理特征和在社会实践活动中所表现出来的心理活动能力。

当代大学生心理素质的自我培养要注意以下几个方面：

（1）树立正确的世界观

所谓世界观就是人们对包括自然、社会和人类思维在内的整个世界的根本观点，这并不单纯是一个认识问题，它与人的情感、意志、理想、动机、立场、观点以及道德品质密切相关，它是个体心理的核心，是个体行为和心理的最高调节器，它指导个体心理活动和行为倾向，影响着人的整个精神面貌。

一般来说，确立了正确世界观的人，能正确地面对人生，心胸开阔，目光远大，不因身边的琐事或得失郁郁寡欢，斤斤计较，不因小的挫折而情绪低落，心理失衡，能妥善地处理生活、学习和工作中的小矛盾，遇到挫折和压力能有效地排除或调节控制。

（2）心理素质的培养方法

①意识强化法

即以个人意识为强化之物，自我激励，自我调节，使自己的心理活动始终稳定于某一个方面。意识强化的内容很多，世界观、理想、动机，自我意识等都可以根据自己的意识来进行强化，还可以自己设置评价标准，自我分析、评价、调节，监督与控制。这都是在自我内部完成，而且是悄悄进行。

②环境作用法

人们通过实践可以改造环境，提高心理素质。生产力决定生产关系，生产关系反作用于生产力；人可以改造环境，环境也可以反作用于人类心理。各种客观环境时时在潜移默化地作用于个体的心理活动，使个体在不知不觉中形成不同的心理素质，充分利用环境来提高自己的心理素质可以获得事半功倍的效果。这里要求个人自觉淡化和遗忘那些不利于优良心理素质形成的记忆，合理利用环境。

③压力增强法

这种方法是要正确地运用群体规范、集体活动、社会评价等社会的压力来控制自己的思想和行为，使自己的心理始终维持在一个较好的良性范围内。

④自我暗示法

心理对于人体有强大的控制力和暗示性。“示”是对一定意图的指示，“暗”是在对方没有察觉的情况之下。“暗示”合起来理解为：能使对方自愿自觉自然地，又毫无察觉也毫无抵触地接受某种信息或观点的一种技艺。采取符合自己需要的具体方法与技巧，不断以语言、感觉、意念，对自己进行积极的暗示，从而达到稳定情绪，增强信心，激发潜能，提高心理活动的水平。

（3）积极参加社会实践活动

社会实践活动是提高心理素质的一个有效途径。个体在社会实践中，为适应不断扩大和变化着的生活领域，在反复学习担当各种角色过程中，实现着个体自然因素和社会因素的整合，丰富和深化着个体的认识能力，拓展和强化着个体的意向活动，形成和发展着某种心理要素。

（湖南工业大学　陈　鹏）

13. 大学生有哪些心理矛盾

来访者自述

我在学生处工作，协助处长做青年学生的思想政治工作和当好“法律顾问”，法律方面我还能基本胜任，就是心理学方面的知识是一片空白。今天重点向您请教一下目前大学生有一些什么心理矛盾，然后我慢慢在工作中去观察、总结。我想这对我的工作拟定很有帮助。

心理师分析

大学生的心理矛盾主要源于理想自我与现实自我之间的认识偏差，表现在以下几个方面：

（1）理想与现实

大学生对未来有自己的设想，希望将来能发挥自己的才能成为对社会有用的人。有些想当“通才”，有些想做“专才”，还有的想成为“帅才”和“特才”，难就难在如何找到实现理想的途径和方法。“给我一个支点，我就能撬起地球。”即使找到了理想的途径与方法，要实施也有千难万难。有些学生是独生子女，甜水中泡大，没有“艰苦”这个概念，眼高手低，说话是“巨人”，行为宁愿做“矮子”，梦想某一天一举成名，一鸣惊人，有什么轰动效应，理想自我与现实自我分离，这是大学生一个最大最显著的心理问题，建议学校除了专业知识的教授外，青年思想政治工作、入党入团、提拔干部、处理学生中偶发事件、情感问题等都要把这种心理矛盾与冲突考虑进去，依据我多年的心理学教学、科研和心理治疗的临床经验以及处理若干务实性问题，都或多或少与此有关，有些是问题引发的事端。不管是谁，理想高于现实，都有心理落差，其中热血沸腾、正值青春炽热的大学生为最。

（2）情绪与理智

大学生的情绪既丰富又动荡，也容易激动、兴奋，或者转向反面而消沉、失望，特别是经历挫折之后容易走向极端，大中专学校的学生事件都是因不同程度的心理挫折所致。

另外，大学生渴望成熟，但绝大部分时间或事情的处理是凭一时热情，有时激情奔放，有时缺乏理智。

（3）独立与依赖

大学生一般处于青春中后期，独立意识增强，自我意识也在日益加强。他们一方面依赖父母的经济支持与感情上的慰藉，生活上的关怀和理念上的精神寄托，依赖吸吮老师的知识乳汁来“充电”，依赖领导与辅导员为前途鸣锣开道；另一方面，在个人需要和隐私方面又极力地摆脱父母和师长的束缚，他们深深地知道自己有强烈的独立意识，但没有独立的实力，不能真正独立解决生活中所遇到的一些问题，也无法恰当地处理好社会关系中的各种关系，时时处于独立与依赖的矛盾之中。这就要求家长和老师以及辅导员有一种能读懂大学生“心理需要信息密码”的能力，渴时送去“及时雨”，涝时疏道泄洪；当他们自己要独立组织或参与活动，只要进行自我调控就行，不要“婆婆管媳妇”，孩子毕业时要到祖国最需要的地方去建功立业，原则上也应该鼓励，使他们逐步“断乳”而高翔。

（4）乐群与防范

大学生离开家庭亲人，渴望交友。“在家靠父母，出外靠朋友”这是中国人的古训。

大学生都是来自大江南北，五湖四海，民俗、风情、习惯、语言的巨大差别又制约着他们敞开心扉，倾吐肺腑之言，毫无顾忌，毫无防范地来往，或多或少有一些试探和戒意的心理，有时很多家庭秘密、个人隐私是无论如何不讲给人家听的，父母离异这方面的事一直是不公开的，他们认为这对自己不利，有些离了婚的父母也极力地配合孩子给予掩饰。为了孩子，他们可以“假戏真做”，夫妻双双到学校接孩子，送东送西，问长问短。只要一离开学校大门，父母就分道扬镳。这类情况，除了心理学老师掌握较多的“秘密”以外，其他人是很难涉足的。一般来说，同学之间以初中阶段的交情为最深重、最纯真、最持久，高中次之，大学更次之。这种现象既普遍还带有一定的规律性，至于其中深奥的心理学和社会学原理，还有待专家进一步研究。

（5）自尊与自卑

大学生作为青年群体中的佼佼者，受到社会的称赞、父母的宠爱、同龄人的羡慕，容易产生一种优越感，表现出强烈的自尊；然而大学里群英汇集，高手如林，人才济济，许多中学里的各种“顶端优势”失去了往日的光彩，马上由自尊转为自卑，怀疑自己，否定自己，妒忌同学，抱怨老师。这时挫折感和焦虑感同时迸发，造成故意降低自身人格，能力低估，对前途失望、悲观，不求进取，有些甚至想退学转学。

（6）追求与安逸

大学生思维活跃敏捷，求知欲强，渴望成才，想干一番轰轰烈烈的事业，实现自己美好的梦想。没有上大学之前认为高校是天堂，是一切美好的化身。进入高校以后，面对紧张而清苦的大学生活，加上校园生面孔多，受地域和专业限制，不像中学那样可以与自己友好的人来往；加上他们承受着复读、复习、备考、高考等一系列的紧张枯燥单调的拼搏煎熬所带来的痛苦，认为大学生活应该是鱼入海洋、鸟入深山，也是快乐和自由的空间了，读大学就是为了将来比别人过得好一些，有先入为主的“大功告成”思想，能偷闲时就偷闲，“有酒饮时且饮酒，得高歌处且高歌”。

（7）压抑与冲动

大学生渴望在平等的条件下竞争一切，一边最大限度地发挥着自己的潜能，实现自己的奋斗目标，对那种搞不正之风，投机取巧，靠侵害别人权利而获得好处的人深恶痛绝；遇到实际竞争又怕风险，担心失败，又求稳求安，千方百计地压抑着自己，表现出冲动与压抑的心理矛盾。另外，大学生生理条件基本成熟，又加上外部环境的刺激和影响，有性的欲望和冲动，想找异性交朋友，甚至谈情说爱，使生理能量得以升华和转移；但由于自知自身条件不足，又受社会道德、法律、校规校纪方面的制约，这种欲望和心理需要又必须压抑下去，形成强大的内心冲突。

（湖南工业大学　陈　鹏）

14. 大学生心理问题干预体系

来访者自述

我在一所兄弟院校做学生心理健康工作，听说您的学校学生心理问题干预体系比较完善，有什么经验？请介绍一下吧。

心理师分析

心理问题的干预不能只停留在补救阶段，更重要的是预防，建立心理预防机制，发掘学生的心理潜能，提高心理素质，以应对压力。直面挫折是高校心理健康的核心工作，也是根本工作。我校在建立预防机制上做了很多的尝试和努力，形成了一系列特色心理预防教育活动。其一，每学期针对不同的目标团体面向全体学生免费开办“成长训练营团体工作坊”，学校提供专门的场所、计算机资源和各方面的师资力量。在工作坊里通过心理辅导、就业指导、应用技能训练、实践经验积累，促进目标团体快乐学习，发掘心理潜能，塑造健全人格。其中每年九月的成长训练营都面向大一新生，把角色适应、人际交往、自我意识培养、自信心训练融入自主的团体学习娱乐中，为新生能更好地适应大学生活做好充分的心理能量准备。其二，大力鼓励和支持学生心理社团活动，举办心理健康活动月和应学生需要的心理健康讲座，如每年开办新生入学心理健康教育、毕业生就业心理指导、女生心理辅导、学生干部心理辅导、贫困生心理辅导、考试不及格和违纪学生辅导等常规辅导讲座。

重视学生自我意识的发展和正确价值观的培养，现在的学生大部分为独生子女，独立、竞争意识和自我意识强烈，意志力耐挫力较弱。家庭和学校给予他们沉重的压力，同时由于自我的独立和利他主义的削弱，除了家庭之外往往缺乏社会支持力量，更进一步加剧了面临压力和挫折时的心理困惑，又大多不愿倾诉，因此更不利于心理困惑的缓解。因此，对学生进行耐挫力教育、意志培养教育和人际交往教育十分重要，同时促进他们自我意识的发展、培养正确的价值观也是构建和谐校园心理环境的重要手段，因而我校每年举行重阳杯传统文化活动月，诠释中国传统耐挫精神、坚强执着精神和人际互助理念。

心理干预要注重关注群体，大学校园是学生之间互相影响甚深的大群体，学生之间能实现良性事件的相互启示，同样恶性事件的相互“传染”也不可避免。建立心理帮助支持体系，构建心理健康教育中心—院系辅导员—朋辈心理辅导员的三级网络体系，集中资源关注每一位学生的心理健康状况，及早发现问题，把心理困惑扼杀在萌芽状态是心理干预成功的关键，同时紧密的支持体系能够让心理困惑者感到被关注被重视，避免孤立感，获得认同感，从而有利于抑郁、恐惧、焦虑情绪的缓解，同时心理帮助支持体系还有利于对应激事件的处理，做到有备不乱，建立积极应对方略渡过难关。

重视学院辅导员心理辅导技能的培训是保证心理问题干预成功的重要因素。作为工作在学生工作一线的辅导员，对学生学习生活的动态掌握得十分仔细，我校有一支健全的学生辅导员队伍，保证有充分的师资力量服务学生，每年都有专业心理教师对其进行心理辅导技能的培训，并鼓励他们加强自身的学习。我校学生辅导员除了日常学生管理事务，更多的是充当学生的良师益友，坚持每周三次以上到学生寝室找学生谈心，能及时地发现学生的心理困惑，采取果断的干预方略。

建立一支“朋辈心理辅导员”队伍。对每班的心理辅导委员进行心理健康教育基础知识培训考核，从中挑选合格的心理辅导委员组成“朋辈心理辅导员”，“朋辈心理辅导员”来自学生，实现了“助人自助”的目的，能很好地避免应激障碍在学生中的相互影响，也能更准确及时地掌握学生心理动态。

（湖南工业大学　陈　鹏）

15. 轻轻敲响朋友的心灵

案例描述

上课铃还没有响，我已经放开了录音机，传出优美的旋律："久违的哥们，你现在好吗？清风明月带去我的祝福……"看着孩子们一个个安静地坐在座位上，完全沉浸在对音乐的欣赏和对友谊的思考中，我才说话："优美的音乐，动听的旋律，把我们的心带到了一个温暖的港湾——友谊的港湾。我像一只美丽的蝴蝶飞进教室的门口，轻轻落在你们的肩头，你们愿意和我交朋友吗？""愿意。""每个人都有自己的朋友。我这里有鲜花做成的题板，哪位同学愿意把你朋友的名字写在花瓣上，并讲述你们认识的过程？"

(1) 第一个环节——你讲我说

学生甲："我的朋友叫赵丁凯，刚开学的时候，我们俩前后桌，他有问题问我，我有问题问他，也经常开玩笑，在一起玩球、打闹，慢慢地就成了朋友。"

学生乙："我爸和他爸关系不错，经常串门，也经常在一起吃饭，所以，我们俩就成了朋友。"

学生丙："刚开始，我俩老打架，他用小刀划破了我的书包，我就用墨水泼他一身。不知怎的，也许是不打不相识吧，慢慢就成了朋友。"

当学生讲述自己的故事时，无论是台上的还是台下的，都沉浸在自己对朋友的回忆中，同学们在回忆中交流、快乐、兴奋。彼此的心灵开始交融在一起。班内出现一种温馨而祥和的气氛。

我不失时机地总结道：“朋友总是在不经意中走进我们的生活，成为我们生活中不可缺少的一部分，非常感谢这几位同学，给我们带来了一个温暖的故事，也播下了几颗真诚的种子。可是，在我们的生活中有这样几对朋友，我们来看他们但是怎样表现的。”

（2）第二个环节——小品展示会，你演我评

小品一：小红和小丽是好朋友，有一天小红竟发现小丽和小蓝在一起，俩人很亲热地又说又笑。小红气愤不已，心想：这算什么朋友，跟我好又跟小蓝好，明天不理她了。

讨论：小红的想法对吗？为什么？

小品二：婷婷和娟娟是好朋友，婷婷特别喜欢谢霆锋，可娟娟却喜欢李亚鹏。婷婷感觉非常不舒服，她想：“既然和我是好朋友，那么，她就不应该喜欢李亚鹏，应该和我一样喜欢谢霆锋。”从此，婷婷不再和娟娟交朋友。

讨论：婷婷的做法对吗？为什么？

小品三：明磊受气挨了打，他就前去找好朋友求救。伟超、郭奎、田开认为朋友有难应两肋插刀，帮明磊出气。

讨论：这样的朋友对不对？为什么？

小品表演得非常成功，这种由学生自己参与课堂的方式很受欢迎，成功的表演具有趣味性和吸引力，课堂上不时爆发出笑声和掌声。小品结束后全班讨论热烈，学生们确确实实体验到了交友过程中的不良方式和方法，全身心地投入到反思和讨论中去，在讨论中提高了认识、产生了

共鸣。

讨论的结果是：真正的朋友不是哥们义气而应该帮助朋友改正缺点和错误，用合理合法的手段保护自己的朋友；真正的朋友应互帮互助并尊重对方独立的人格和发展的自由；朋友是合作互助的而不是自私的；朋友是互进共勉的而不是互相牵绊束缚的。

这时候，大屏幕显示："真正的朋友，在你获得成功的时候，为你高兴而不捧场。在你遇到不幸和悲伤的时候，会给你及时的支持和鼓励。在你有缺点可能犯错误的时候，会给你正确的批评和帮助。"我及时给学生以恰当的引导。

看到孩子们在讨论中提高了认识，升华了思想，并确立了正确的朋友观，我很高兴并将课堂推向了新的高潮。

(3) 第三个环节——友谊之声

此时此刻，我们最想的也许是和朋友倾心相谈，分享朋友的幸福快乐，化解朋友间的误会和烦恼，请大家闭上眼睛，倾听同学说给朋友的心里话。

短暂的沉默之后，一位位同学走上讲台，将自己最内心的声音表达出来，将对朋友的心里话说了出来。

学生甲："当我躺在病床上，心烦意乱的时候，我从门缝里窥见你的身影，你温暖的话语让我感到好幸福，有你的陪伴，我不再孤单。谢谢你！"

学生乙："哥们，星期天最愿意干的事就是和你一起踢球，玩得大汗淋漓，真爽！"

学生丙："好多次，我都想和你说话，可又没有勇气，其实，我每天都在悄悄观察着你，看着你走进教室，远远地望着你回家，我知道是我不对，我不该误会你，如果能够，我想说一声对不起……”

……

感动！除了感动还是感动，学生们一句句发自肺腑的话语打动了在座的每一位同学，一些感情丰富的孩子都流下了感动的泪水，发出了呜咽的哭泣声，孩子们的心灵在沟通和交融中产生了共鸣。这一环节的设置，延长了友谊的幸福，化解了友谊的误会和烦恼，使学生们在切身的体验中接受了精神的洗礼。

心理师分析

这是一节非常成功的心理活动课，整节课以学生的活动为主体，老师只起到引导和帮助的作用，使学习成为了人的主体性、能动性、独立性不断生成、张扬、发展、提升的过程。情境和氛围的巧妙设置也起到了很重要的作用，它为学生直接经验的展示和内心体会的诉说提供了一个很好的平台。教师是一个引航的高手，她将学生已有的经验逐渐向深处和远处延伸，直到最后达到情感的高潮，产生心灵的共鸣。正因为是学生切身的体验，发诸真情，所以才会感人至深。

（河北省邢台市工业学校　李建红）

16. 用心灵影响心灵，用生命关爱生命

来访者自述

我是一名心理辅导员，请问老师要做好大学生的心理健康教育工作，要怎样配合学校和老师搞好这项神圣而重要的工作？

心理师分析

拥有健康的心理状态，是大学生能够健康成长的一个重要组成部分。这几年实行的课程改革要求注重学生的个体差异，尊重学生的个体体验和情绪情感，创建新型民主平等的师生关系，这些新理念与心理健康教育的某些措施是不谋而合的。结合几年的教学经验，从大学生的心理状态入手，作了如下的实验：

（1）个别心理辅导——在沟通与交融中为学生排忧解难

进行心理辅导并不同于简单的批评教育，也不同于常规的德育工作，而是师生之间基于民主平等基础上的心与心的沟通和交流，只有让学生将自己的心里话倒出来，老师才能找到学生心里的症结之所在，也才能真正对症下药，起到良好的救治效果。但让学生把心里话一股脑地说出来并不是一件很容易的事，还要采取一定的措施和办法。

①氛围和意境的创设

调查研究证明：人在不同的环境刺激下所产生的紧张

程度是不同的，越是严肃庄重的场合，人的紧张程度越高，警惕心理也越强，也越不容易说出自己的心里话。在办公室里和在家里谈话，被交谈人的接受程度会有很大的差别，外部环境、外部氛围的塑造将直接影响心理辅导的效果。所以，一般情况下，进行心理辅导的地点不会选在办公室，而是选在“心灵的港湾”或“美丽精神的家园”——一间独立的小屋中进行。屋中摆上一对沙发，可以让人促膝长谈；一束鲜花，散发着扑鼻的芳香；一个茶几，上面摆上水果糖块，表示对客人的热烈欢迎和盛情款待；一段舒缓美妙的轻音乐，给人带来欢乐与舒畅。环境的宁静、温馨、优雅，给人一种如归家中的感觉，在这种祥和而温暖的外部环境（自然环境）下，学生很容易也很愿意将自己的心里话说出来。

②民主平等温馨的人文关怀

完美的外部环境只是一些客观存在的东西，只起到外部辅助的作用，更重要的还要有一种民主、平等、亲和力强的人文氛围。一张微笑的慈祥面庞胜过千万道说教，一个甜蜜的微笑使你获得了通往对方心灵的通行证。在交谈期间，老师时刻要记住你是他的朋友而不是长者，你必须与他进行平等的对话而不是居高临下的说教。有时候老师只需要做一个耐心的听众，不必发言，只听他讲完自己的故事，便能让他得到最好的宣泄。有时候我们需要站在他的立场之上对他进行建议或指导，老师能够做到察言观色，能够洞悉他的心理变化并能及时调整自己的语言策略，老师更要做到融得进又退得出，既能融入对方谈话的情境中去，又能跳得出来，给对方一些建设性的指导意见。

（2）心理活动课——师生齐鸣爱之歌

个别辅导可以根据学生的不同特点采取不同的措施，达到及时而有效的“救治”效果，但团体辅导也同样需要。上好一节心理活动课，让十几名甚至几十名学生达到情感的交融，产生思想的共鸣，共享心灵的洗礼和考验，也是一件很快乐的事。怎样才能上好活动课呢？

①课前要有精心的设计

搞好活动课各个环节的设计是一节好课的开端，也是关键。

首先，必须明确活动课不同于平时日常所教的文化课，它不以知识获得的多少为评价标准，而是以能否让学生心动，能否教给学生独到的体验为准则。所以，活动课一定要让学生去参与、去活动，在参与中沟通，体验。课堂设计要以学生的动为原则，设计好几个互相联系又互相延展的环节。

其次，教学环节的设计要和学生的个人经验和认知水平相结合，符合学生的心理状态和接受能力，争取让他们有话可说，有东西可想，有情感可表达。这样才能在互相交流中互通互融，产生共鸣。否则，设计技巧太高，学生不知所云或难以理解，或预设技巧远低于学生的认知水平，他们会觉得老生常谈，索然无味或不感兴趣，这样都达不到活动课的效果。

再次，设计环节要环环相扣，推波助澜，呈递进或逐层深入的趋势，在结尾处最好能达到一定的高度给学生一定的理性指导。

例如我所上的活动课《友谊 ABC》，在抒情的《朋友》

音乐声中拉开了课堂的帷幕，首先请同学们介绍一个自己的好朋友，并讲一个和朋友相关的故事，同学们兴趣很浓，都有话可说，有话要说。然后请同学们以小品的方式，表演几个生活中常见的交友现象，例如讲哥们义气、自己崇拜的明星也一定要让朋友崇拜、好友之间互相鼓励学习，并请同学们分别评论这样的朋友算不算真正的朋友，为什么？因为这些事都发生在身边，很熟悉，也很容易评论，所以讨论气氛非常热烈。再得出结论，真正的好朋友不是哥们义气，也不是互相约束，而应该既相互独立又相互照顾。在热烈的场面中，同学们得到了真实的情感体验和交流，并将感性的认识上升到理性的高度，起到很好的指导作用。最后一个环节，“说给朋友的心里话”将课堂气氛推向了高潮。有的同学含着眼泪向朋友道歉，有的满怀感激向朋友道谢，全班同学都沉浸在友谊的河流里，体验到了友谊的珍贵和友谊的力量，得到情感的升华并迸发出智慧的火花。

②要做充分有余的准备

就是要备好自己的材料，例如讲课所用的工具、教具等，还要理清自己的教学思路，甚至，在什么阶段说什么话，用什么样的语气语调，什么样的表情都要准备好。此外，课前增加几分钟交流，使学生能够理解你的思路，并对你设计的问题有方向性的准备。学生的配合是相当重要的，将直接决定活动课是否成功。

此外，还要作好应急措施。每节课不可能会完全按照你的教学设想进行，总会有一些突发的状况，这就要求老师能随机应变，及时调整自己的措施。例如，在《友谊

ABC》那堂课的结尾处，本来安排的是给自己的朋友献花，我预想这将是一个感人的场面，但意想不到的是，学生们竟谁也不好意思动手。这时，我及时调整政策："就让我把这些鲜花送给我亲爱的朋友们。愿鲜花伴你快乐成长，愿我们的友谊之树长青。"

（3）实践中的点滴渗透——清泉长流润物无声

心理健康教育不应该是一种特殊时间、特殊地点、特殊场合中的特殊课堂，而应该是一种时时都存在，事事都突显的全天候全方位的课堂。它无时不在、无处不在，要在日常的点滴生活中及时发现学生存在的问题，及时进行渗透和教育。

①课前深呼吸

2004 年 11 月 23 号，下午第一节体育课，学生们玩得兴高采烈，都到上课时间了，还都红着脸、出着汗、喘着粗气，看样子一时半会儿安静不下来，这将直接影响到第二节课的上课情况。怎么办？于是，我灵机一动，建议大家都闭上眼睛，作个深呼吸。在我的口令下，同学们都闭上了眼睛，随着我的口号吸气呼气，同学们什么都不能想，只感觉到气流在身体里穿行。这样持续了十几次，明显感觉到他们能平心静气地听课了，调节了自己的情绪，缓解了亢奋的神经，也舒散了心情，集中了注意力。简单的操作，起到了良好的效果。

②快乐学习

每天都要上早读，可学生们的学习习惯很差，上课好长时间了还有东倒西歪的，有的只在面前摆本书，脑子早跑到九霄云外去了。见此情景，我对学生进行了严格的要求："坐姿要端正，学习要'心到''口到''手到'，下课之前要求背过 30 个单词，下课前听写。"要求完之后，大多数的同学能够认真去做，很投入很认真地边读边背。快下课的时候我请认真写、收获大的同学谈感受。她说："我发现我原来也很聪明，只要我努力去做，我也能学到很多东西，而且我今天感到特别快乐，因为早读我没有白过，我感觉到了自己的成长和进步，以前我有许多地方做得不好，今后一定要改正。"然后又请没认真学的同学谈感受，他说："没什么感觉，玩过去就玩过去了，还是那样。"我问他感到快乐了吗，他说："没有，生活基本上没什么意思，日复一日地重复，很乏味。"于是我在两者的对比中及时对学生进行教育："其实，学习并不是一件很难的事，只要你认真主动地去做，你也会感到快乐，追求快乐是每个人都想做的事，那么面对快乐我们还吝啬什么呢？"同学们都笑了。以后的早读情况也有了很大改善。

有时候学生个人的体验比老师简单的教育更有说服力，不要硬压着把学习逼给他们，而应该让他们自己在体验中发现乐趣，快乐成长。

总之，心理健康教育正在我们的思考、实践和努力中逐步渗透到教育教学的各个环节中去。用心灵影响心灵，用生命关爱生命，师生共同在沟通和交流中奏响前进的乐章。

（河北省邢台市工业学校　曹伟谦）

四、“话疗”可增进心理健康

17. 换位思考后心理自然平衡

来访者自述

我是一个品学兼优的大学生，可以说是学习尖子，也有人很羡慕我的才能。不知为什么，我对自己所取得的成绩却一点儿也不乐观，读书嘛，本来要学习成绩好，这很正常。其实我很羡慕我班另一个同学，她是学校文工团的明星，能歌善舞，上台唱歌人家献花，掌声不断，我真想像她那样，那该多好啊！有个朋友做过心理治疗，她对我说心理老师很神，什么心病都治得好。所以今天特地写信给您，有什么办法帮助我吗?

心理师分析

你的问题与众不同，人家是心里有想不通、道不明的事情来做心理治疗，你是把自己的优点与人家优点相比较之后，倒觉得自己不如人家了，有些“自卑”感，来求助于老师。

社会是一个大舞台，需要有各种不同的明星在这舞台上雀跃欢腾，可以肯定，你已经是学习舞台上的明星；殊不知，你的那位同学虽然在舞台上一展歌喉，可暗地里可能也在盘算着像你一样成为学习上的尖子呢，要是你们互相换一下，是不是彼此都快乐呢？为此，我倒想起了一个故事。

从前有一个富翁很有钱，但身体不好；有一个穷人身体很棒，就是家里揭不开锅。于是两人都互相羡慕对方。富者想：只要我身体好，宁愿穷一辈子也不要紧；穷者想：只要成为了富翁，就是残废了也不要紧，反正有钱有饭有衣就不想事了。有一天，一位神仙下凡了，找到了他们说："我可以满足你们两个人的愿望。让你们互相交换一下命运。富者你的身体将比谁都结实，但会变穷；穷者一夜能变成富翁，但病魔会接踵而至。"于是两人都磕头感谢神仙帮他们实现了各自的愿望。

不久，成了穷汉的那个富翁由于神仙赋予他结实强壮的身体，又凭着他原有的成功经验，以及管理的才能、超人的胆识与智慧，积土成山，积水成渊，渐渐地又富了起来。这本来是一件大好事，可是晚上睡觉醒来就想是不是原来的病魔又会缠绕我，我会不会这里痛那里又不舒服呢？心里疑神疑鬼，不久真的身体又垮了下去，回到原来的富有又拖着疲惫不堪的身体度日。

原来那位穷者陡然发富，财产颇丰，身体又突然差了，但心里总是在想，我的出身卑微，原本布衣，感到脸上无光似的，还是怕别人看不起或知道自己的老底，心里的失落感依然严重，加上他不会理财、开支大，钱经常用在毫无意义的投资或生活消耗上，不懂得扩大再生产、提高生产力这些道理，原来的资本不久就耗尽了，又变成原来的穷汉了。穷则思变，首先要有一个健康的身体，于是他把主要精力放在体力劳动和挖草药治病这个主要矛盾方面，结果身体又硬朗起来。

最后，两人都回到了原来的模样。

一切财富的获得和事业的成功，主要取决于一个健康的心理，懂得成功之道、生财之道。我想，你的思维、想象、知觉、感觉、很强的记忆能力，这些明显的智力特征决定你在学习方面有所成就，或取得了阶段性的胜利。同样，另一位同学可能由于天赋原因决定了她在文艺方面高人一筹。据有关专家分析，绘画、音乐、体育先天禀赋比后天的培养还重要，这可能是遗传基因所起的作用吧！这点也说明了，构成一个大千社会要各种各样的人从事各种各样的职业，人不可能面面俱到，既有专才，也有通才。

心理学教室

“相对论”的提出者爱因斯坦曾经说过：真正了解他的相对论观点的只有少数人。他解释道：一个美丽的姑娘如果伴你坐一个小时，你会觉得只有一分钟的时间那么短暂；要是你在一个火炉上坐一分钟，你也许会觉得像有一个小时那么久。这就是相对论。

爱因斯坦自己有两个信条：第一是什么规则都不要，任凭自己去自由选择；第二是自己的思维与行动不被任何人支配。

世间的优势与劣势、好与不好，都不是绝对的，都是相对的，而且都可以相互转化。如果把这些话听明白了，什么心理问题都可以自己调适了。

（河北省邢台市工业学校　曹伟谦）

18. 追求什么样的美

来访者自述

我是一个刚刚入学的大学生，心中充满着理想与奋斗。当跨进这所大学之后，同学们谈的都是名牌，加入学生会谋求一个什么职务，女生在一起就去谈服饰的美、发型的漂亮。对于这个问题您是怎么看的？

心理师分析

你所看到的问题，只是一种局部现象，但不能以偏概全，只见树木不见森林。总体来说，高校校园是积极向上的，是充满活力的。我们这所高校有服装专业，他们能根据各种不同人的追求和向往设计出相得益彰的服饰配饰和化妆品的颜色，给人们塑造整体风格之美，帮助人们巧妙修饰恰到好处的体型轮廓，体会不同场合的时装和礼仪，教会人们修饰清新自然的妆容……在喧闹的都市，除了外表美还有心灵美，若是心理美容与服务化妆美容同步发展，将会获得意外的收获与惊喜，心灵的健康需要呵护，需要滋养。如果心灵蒙上了某种尘垢，即使外表花枝琼玉，也无法像宝石一样发出光彩。外表的美能给人好的第一印象，而真正走向社会、向他人展示其个人魅力的还是心理健康、心灵的美丽。雨果曾经说过："世界上最广阔的是大海，比大海更广阔的是天空，比天空更广阔的乃是每个人的心理世界。"

心理学教室

大学生在学校读书要有目标，如果心中没有目标，就会出现这样那样的“畸形目标”。每一个奋斗成才的人，无疑都有一个确定目标的问题，有了目标，人们才会下决心去攻占这个目标；有了目标，深藏内心的力量才会找到“用武之地”。一个人只要选准了目标，就会义无反顾地走下去，不成功不罢休，有了目标就会“咬定青山不放松”。美是一种理念，是意识形态的东西，单纯追求美感，胸无目标与志向，是很难找到人生方向的。

（湖南工业大学　陈　鹏）

19. 澄清你心中的那杯“水”

来访者自述

我是您昔日的学生，虽然毕业了，但仍然时时将您想起，今天来电话第一是祝福您心身愉快，工作顺心如意；第二是再向您求助。

大学毕业之后，我被一家公司聘用，工资很低，我想跳出去又没有找到一家比这更合适的单位。在单位，不但收入不理想，同时还时常遭到同事们的排斥，感到处处充满竞争与斗争，在大学里面谈的那个恋人也经不起残酷现实的考验，执意要与我分手。我知道这是人生的挫折，我的心在一点一滴地破碎，家人和朋友的劝慰已经不起作用了，我只能依赖您来给我排忧解难，消除挫折感。

心理师分析

毕业了，找到了工作，不管好与坏，找到了用武之地，拓宽了视野，融入了社会，温饱问题有了着落，不依靠父母，自力更生，自己养活了自己，心里总有一种满足感。在学校读书只是一个消费者，现在却是一个生产者，自我进行纵向比较应该是没有挫折感的。你有挫折感很可能是与社会上其他人去强行地进行横向比较，人家收入高，你的收入低，这里面还可能有一个论资排辈的问题。至于同事们的竞争和排斥感，哪里都有，就看怎么去应对和处理了。女友提出要分手，你感到不满意可以向她提出分手，她感到不满意提出分手是她的权利，谁也不可能去干预。你说工资不高，难道她的工资就高吗？你们年龄差不多，能力也相当，可能不是这个原因吧。不要把眼前很多的事情归因在一起，要分门别类地分析，这样挫折感就能减轻。我认为，你目前头脑中很多“问题”，要一个一个地去澄清。你去做一个实验，先去打一杯浑浊的水，烧开之后倒入一个透明的杯子里，你会立即发现，被煮沸的水其中的杂质都纷纷地沉入杯底，上面一大截是清澈透明的水。这时你使劲地把杯子再晃动几下，这杯子里又是浑浊一片了，杂质还是平均地散在水中。目前你的思绪像这个杯子，唯一的办法是在这些小小的挫折面前，找一个机会冷静地去想一下，好像杯子里的水一样，给它加温煮沸，让烦恼一点一点地沉下去，留下一些睿智的空间，不要让不顺心的事纠缠于你。如果这样做了，你的不良情绪也许马上会改变，重新恢复自信，快快乐乐地活着，干你该干的事，寻觅你该爱的人！

心理学教室

在前进的道路上，遇到挫折是经常有的事情，就是要有一种信念：用十足的信心来迎战未来！

一个人要证明认识自己的价值，对自己有一个充分的认识。心理学家认为：不管是谁，容易接受消极心理的暗示，很难接受积极思想的启发。社会的发展进程中，凡是复旧的思想容易被人接受，若是改革创新则很难被接受。消极的心理暗示就像心灵的黑洞，能使人失去自信，每一个人在困难面前要提升自我认识，要把自己当成"宝石"，而不是当成河岸边上的"卵石"。只有对自己改变了认知，增强了自信，事情才会迎刃而解。

（湖南工业大学　陈　鹏）

20. 下辈子我宁愿不做女人

来访者自述

中国的"国情"是重男轻女，我看大学里也是一样，我有很多看不惯的事情，似乎女孩子低人一等。我打算下辈子就不做女人了，这能行吗？

心理师分析

你是一个生理上接近成熟的女大学生，而心理上却很幼稚。关于性别的形成，科学家能够解释清楚，但父母真的要生个男孩还是女孩，却束手无策，也只能“听天由命”。

作为一个人，是男是女绝不由自己决定，“物质决定意识”，不管是男是女，都要按哲学原理去对待，而且要积极地对待，哪能怨天尤人？性别随自己的心愿来任意改变，这是不现实也不可能的事。

在日常生活中，好像许多女生都羡慕男孩子，自己学习成绩下降、记忆力不好、知识面窄，都归咎于自己是女生，甚至对男孩子夏天可以光着膀子在野外纳凉而女人不允许这类事也羡慕得要死，还有男人留短发，省时省事、干脆利索也值得女性嫉妒……

其实呀，在多次心理治疗当中发现，男生也同样羡慕女人夏天可以穿裙子，女人没有男人那么累，没有那么多的社会责任感和家庭责任感，也有男性发誓下辈子要变个女人。

我劝你再不要有这种“可望而不可即”的想法，回到现实生活中来，去拥抱自己的生活，拥戴自己美好的青春吧！

（湖南工业大学　陈　鹏）

21. 我崇拜老师而不是崇拜有权的人

来访者自述

现在社会上有很多人都崇拜有权的人，有些学校也一样，我们女大学生中有很多人喜欢有权力的干部、班主任或辅导老师，想入党，想当什么学生会、共青团的干部。我却不然，我倒崇拜那些知识渊博的老师和科研人员。我通过多次与老师交心通气，觉得高校中最受人尊敬和崇拜的是有科研成果、能著书立说的老师，至于手中有权与无权对我并不重要。这种认识与大多数人不一样。

您课堂上多次讲，衡量一个人的心理健康的标准之一是看一个人的言语、思维、行为是否与大多数人保持一致，因此我有点为自己担忧，是不是自己的心理有点小障碍？所以今天壮着胆子来咨询，您给我讲讲怎么样？

心理师分析

首先你要相信，你没有什么心理障碍，你仅拿“多数”与“少数”这个标准给自己量化心理健康，这不科学，有时候真理还往往掌握在少数人手里呢。这个问题古今中外的例子是挺多的。

你所讲的尊敬谁又不崇拜谁，这是世界观、人生观和价值观的问题，有你的自由。从心理学的观点来看，这是一个人的“影响力”在你头脑中的反映。不管是谁在社会中生活，都具有一定的影响力，只不过人的影响力有大有小。

一个人的影响力分为两种：一种是强制性影响力，又叫权力影响力；另一种叫自然性影响力，又叫非权力影响力。

权力影响来自于传统意识，给人以服从感；来自于某种职务，给人一种畏惧感；来自于一定的历史条件，给人一种敬重感。

你所谈到的对老师有一个崇拜的心理，这是一种自然性影响力在你头脑中的反映，这种反映导致你对老师崇拜的认识倾向。自然性影响力的基础来自于专长和品格。

高校中某老师有一定的专长、技能与才干，在与他人交往中获得他人的信任与敬仰，这种影响力对他人能产生长久而自然地改变别人思维与行为的心理动力，是一种教育功能。同样，一个人高尚的品格因素也会对人产生强大的影响力，愿接受对方的影响。

古代也有“三不朽”的说法。古人认为，世界上什么东西都不会长久地保存下来，只有三种不朽之物是永存的，那便是一个人的品格、业绩和学问。

品格高尚的人流传千古，古代流传下来的“负荆请罪”“孔融让梨”“程门立雪”等故事就能很好地说明这一点。还有今天的雷锋、孔繁森、焦裕禄等光辉形象，都说明一个人高尚的品德是不朽的。同样人的业绩也是流芳千古的，中国古代的万里长城、大运河、都江堰水利工程，埃及的金字塔，这些业绩是不朽的人类杰作。国内国外的大学问家，像孔子、孟子、马克思、牛顿、爱因斯坦，他们创立的学说也是永存的。

品格、业绩、学问给人的影响力是深远的。给人一种敬佩感，这像一种心理磁力，会自然而然地、自觉地吸引人们去接受其影响力。知识、品格本身就是一种力量。

一个人只要具备了一定的品格因素，那么才能因素、知识因素、情感因素对人产生影响力是很自然的，这比某种强制性的影响力更有力量。你所说的在高校校园中崇拜某某老师而不去崇拜某某有权的人，也许就是这个道理。

（湖南工业大学　陈　鹏）

22. 怎么管理好一个社团组织

来访者自述

您知道，我们校园中有很多社团，这是大学生自我锻炼的一个平台，也是走向社会的一个台阶。很多社团的主要负责人是男同学，而这个社团的主要负责人是我——一个女大学生。请告诉我一些有关管理方面的知识，以便我把社团管理好，在学校里尽量发挥自己的光和热。

心理师分析

我知道学校很多社团和协会搞得不错，相信你们的社团也会红红火火。你提的问题与管理心理学有关，我先介绍一点这方面的知识，如果有兴趣，再去选修管理心理学方面的课程，或者先去购买一本这方面的教科书，若有困难再来找我。

管理心理学是一个综合性的学科，其基础理论和涉及的科目广，一般是与管理学、心理学和社会学密切相关，其次是与伦理学、行为学、社会心理学、劳动心理学、人类学等学科相关。

20 世纪 30 年代，以美国泰罗为代表的管理学家只注重对物的管理，而忽视对人的管理；强调工作效率，忽视了对被管理者个人需要的满足；把管理对象看作理性的人，一切均按制度、原则办事，忽视了对人的感情投资。

20 世纪 60 年代，以梅奥和麦格雷戈为代表的管理学家认为要把被管理者当作社会人来看，既要规章制度，又要施加感情的砝码，这样才能出高效率。他们开始重视人的个人心理需要，不把人看成理性的人，而看成感性的人。

20 世纪 70 年代以后，管理学家提出人本主义的管理理念，认为什么组织都应该以人为本，要考虑到组织中成员的个人需要是否满足，使每个人都感到自己在组织中存在的价值，还要使每个成员受到尊重和信任并被组织关心，认为自己的组织是一种依赖，有归宿感和向心力。

我不知道你的社团目标是什么，也不知道你的社团有多大规模，更不知道有什么社团内的“乡规民约”，还有社团组织本身的向心力是什么。请你根据以上有关管理心理学中的有关理论，再结合你社团成员的实际状态，以及开展活动过程的具体情况来施加管理。总之，管理中最重要的是要以人为本。“人”是一件了不起的杰作，蕴藏着无穷的智慧和力量，还有优美的仪表、文雅的举止，有时像一个天使，是宇宙中的精华。

你要掌握社团成员的一些心理，加入你社团的成员是自发的、自愿的，而不是被动的。任何一种行为都有它的起因、外在环境的刺激，还可能有一定的目标与愿望，在目标未达到之前，人家的行为是不会终止的。有些成员的目标达到了，有可能会退出你的社团而参与别的社团，也有些会改变达到目标的手段，比如各种活动请假，表现出消极态度等。这些规律都要认真地去探索，要分门别类地去对待、去研究。一般来说，大学里面的各种社团和协会是一种非官方、非正式组织，它的组织形式与结构以及管理方式与学校的学生会和团委这类正式组织有很大的区别，需要更强的领导艺术，主要负责人需要有杰出的才华和影响力，这种影响力在你的社团内部既有权力影响力也有非权力影响力。

今天谈得散，以后你有什么问题，可以以一个小专题来讨论，这样针对性强一些，可能对你的帮助与指导更大一些，收获也会多一些。

心理学教室

“让热心和真诚充满内心”是搞好管理工作的重要原则之一，如何发挥自己的勇气和自信，这是管理者本身应具备的心理素质。

热心是什么？热心就对某事物用自己的内心的感觉表现出来并打动别人的内心世界。美国心理学家戴尔·卡耐基认为热心是不可伪装的，是一种发自内心的自我表现。热心可以改变一个人的命运。

在管理中，除了热心于自己所喜爱的工作，热心团结一班人，团结就是力量，这工作肯定就会搞得好。

人们常说的才能有三个基本的认识维度：第一种是干才，刚才所说的热心服务等，会干事，能把别人做不好的事情办好属于干才；第二是将才，这就是除了自己会干之外，还可以带领一班子人去同时完成某一项工作，有一定的指导能力、领导能力；第三是帅才，帅才的一个最显著的特点就是统帅有领导能力的这些人，指挥他们如何去团结人，如何去干一番事业。干才是属于一般层次，将才属于中等层次，帅才属于高层次。一个优秀的管理者，不仅要有干才，同时还应该有将才和帅才。

（湖南工业大学　陈　鹏）

五、心理分析是心理美容的心灵鸡汤

23. 怎样面对未来的生活

来访者自述

今年暑假还没完，我就提早到学校里来了，因为没有开学只好在图书馆打发了十多天时间。学校里的生活只是上课、玩耍、吃饭、睡觉，家中的父母亲每天面朝黄土背朝天地忙碌，其余的乡亲们也是个个汗流浃背，就是那些大嫂阿姨小姑也是一边带小孩一边干活，她们上街卖菜，背上还捆着个小娃娃，一天到晚除了干活还是干活，这是什么样的生活？我害怕自己将来也是这种命运，哎呀，这怎么得了啊？现在我不想回家去了，不想做事，不想从事体力劳动，就是看到他们的这些场面也叫我够揪心的。是不是我心理有什么毛病？

心理师分析

在宇宙空间里，一类物质是没有生命的，如：石头、水、空气、泥土等；另一类是有生命的，如：植物、动物，还有人类。

植物靠根吸收养分，在空气中吸收二氧化碳，在阳光的照耀下进行光合作用，产生养料，供自己生存和发展的需要；动物完全靠自己觅食来维持生存和繁衍后代。人类要生存、要发展、要维持社会的进步，主要是靠自己的脑力劳动和体力劳动争取生存的机会。人是要靠工作来维持生活的，不但要工作，还要工作得好，还要在激烈的竞争中去打拼、奋斗，每一个人就不得不去学习谋求生存的知识与技能。因此，人总是一年到头在紧张的奔忙之中角逐，在成功与失败之间迎接挑战、接受考验。你所描绘的家乡的劳动场面很可能是农村，其实在城市里，人们的劳动比农村还要激烈和紧张，只是从表面上看，城市里繁重的体力劳动已被现代化的机器所代替，城市人的素质提高的幅度和效率每时每刻都在困扰着每一个人，城市里消费水平普遍很高，生产生活用品更新换代的速度加快，房子十几年重修一次，观念的不断更新，竞争激烈并不亚于农村，在某种程度上城市人比乡村人活得更累。

学校毕竟是一个读书的地方，你毕业之后迟早要离开这里去从事某种你所喜欢的、社会又需要的职业。现在害怕劳动、害怕竞争、害怕流汗，这是一个弱者的病态心理，这种亚健康心理素质不管是在城市找到一个岗位，或是回农村去开创一番新天地都是不适应的。首先从心理上要战胜自我，要准备与天斗、与地斗、与人斗。我们每天所享受的精神文明和物质文明，都是前人智慧和汗水的创造成果。我们应该考虑自己能为后代留下什么？因为人类从来就是接力赛，一代又一代从前人手里接过棒，跑了一段路以后再传给下一个准备跑的人，这个人如果摔了一跤，时间的紧迫容不得持棒者去揉伤口，只能忍一忍痛苦，挣扎着站起来再去冲锋，这种举动才会赢来观众的喝彩和掌声；如果瘫软在地、只顾呻吟，也许人家还有异议。

你暂时软弱不要紧。但总有一天要站起来，要做生活的强者，做一个不倒翁，尽管社会波涛中有风险，也要搏击一番。唯有埋头才有出头，你的父母、乡亲们，甚至女性中的长辈都是时代的冲浪儿，你应该亲近他们，应该向他们学习。

心理学教室

这是一个人生观问题，在学校读书树立健康向上、对劳动人们有深厚感情的认识观非常重要。这里还有一个意志锻炼问题，要立志不怕困难、勇于吃苦的精神，一旦认识过来，这些幼稚想法都会随之消失。

（湖南工业大学　陈　鹏）

24. 教育的价值核心是“铸心铸魂”

来访者自述

我是一名女大学生，我原来成绩一直是拔尖的，可到了大学之后从没有拿过“第一”，我觉得抬不起头来，向家里人打电话或写信，见到老乡与同学时，那种自信的劲儿一扫而光，心理负担很重，与家里人、与其他人交流也只讲国际形势、大学见闻，天气怎么样，从不想触及私事。这种心态有问题吗？

心理师分析

这个问题并不是什么很大的心理问题，只要提高认识，把理想自我与现实自我两者间的“焦点”调整一下就没事了。

首先我想讲述另外一名女大学生的心理状况，很可能对你有所启发，甚至产生顿悟。

该少女父母都很忙，也很有钱，她被放在乡下奶奶家长大，由于祖辈过分溺爱，物质生活超越其他同学，学习成绩也是名列前茅，她凡事喜欢与人争高下，这样就在不知不觉中形成了一种特殊的人格——偏执型人格。人格又叫个性，是能力、气质和性格在某个人身上的比较稳定的动态心理特征。一般来说，某种人格形成以后要改变也需要一个过程。她上了大学以后自然手机不能少，认为学校宿舍条件“差”，要到外面租房子住，吃饭要去饭馆。这样不但学习没有上去，反而比中学时还差了一大截。她不理睬其他人，认为世界上只有她是真理，偏执的个性加剧。辅导老师认为这是心理疾病，在心理医生治疗之下才基本恢复正常。为了巩固治疗效果，学校建议这位女生休学一个学期。

读中小学、念大学都是接受教育，学校教育的价值核心是培养人、教育人。“千教万教，教做真人；千学万学，学做真人”，这是近代著名教育家陶行知先生的名言。这

"真人"就是"铸心铸魂"，铸造一颗实实在在的心魂，一就是一，二就是二。过去好，名列前茅，这是历史，是过去学习时间和空间作用的表现结果。

心理学教室

心理学家认为：一个人自己了解自己，自己接纳自己相当重要。

知己是个体对自身及其外界关系的觉察和理解。个体通过自我认知产生自我意识、自我观念，然后产生自我情绪的体验，才能建构出合理的科学的自我态度。

自己认为行为落伍了，就会产生顿悟，制订一个追赶计划。有时一个人的才能是某一个方面的，著名音乐家贝多芬听不见别人的歌声与说话，因为他长期受到病痛的折磨，耳朵发生感染。他一辈子未婚，无子无女，尽管这样，他完成了三个钢琴奏鸣曲、四个弦乐四重奏、庄严弥撒曲和第九交响曲。他一生的特点就在于对激情的投入。

（湖南工业大学　陈　鹏）

25. 为什么男子魁梧而女性娇小

来访者自述

我是一名大一女生，我是在参加"心理素质培训班"后才认识您的，同时对您的为人和学识有了进一步的了解。

有一次我们在宿舍里的“卧室会”上提出了一个我并不知道是不是心理学的问题，反正您是我的老师，麻烦您给我们解释一下，就是：人为什么男性高大魁伟，我们女性娇小得多？大学生也是这样，我们学院里男生超过 1.8 米的有很多，而女大学生没有一个超过这个“海拔高度”，即使看上去很高的女性，也只有 1.6 米左右。这是不是与中国封建社会的“男尊女卑”有关？“男高女矮”又是什么道理？

心理师分析

既然你提出了上述问题，为师者尽自己的知识水平谈谈个人浅见。男尊女卑问题属于一个认识问题，属于心理学范畴。男女高矮之间不完全是一个心理问题，但这种社会存在现实决定着人们的意识，也可以说是一个与心理学有关的问题。

据医学典籍记载：男子平均高度要比女子平均高度超过 8 个百分点。平均体重要超过 20% 左右，这种现象不受国籍、民族、种族、文化、生活习惯和社会因素的影响。科学家认为这是人类几百万年在漫长的物种进化过程中所形成的，只接受“遗传密码”所控制。

达尔文在研究生物进化论时提出了“性选择”是造成这种差别的最主要的原因，鸟类飞禽的羽毛是雄性华丽好看，而雌性则不华丽，不怎么好看。雄性飞禽的羽毛好看是为了吸引雌性飞禽而共同生活，繁衍后代；然而人在与自然与野兽斗争中，身材高大，力量强，无疑是在这无情竞争与搏击中取胜的关键。

美国人类科学家戴蒙德提出的“身材－妻妾相关理论”也能证明这一点。原始社会的婚姻制度并不是“一夫一妻制”，而是“一夫多妻制”，高大魁梧的男性能吸引很多女性为妻或为妾，矮小的女性出于安全保护的需要，宁愿为高大力魁的男性做妾，受点气不要紧，只要有依托，有人保护，这比什么都强。那些矮小力薄的男性只能得一女性为妻，而没有更多的妾，相对来说后代较少；而高大力魁的男性有妻有妾而后代多；个别特别矮小的男性或有缺陷者找不到女性为配偶只能被淘汰，没有后代。一代又一代的自然淘汰，优者适者生存，劣者不适应环境者死亡，就自然而然地形成这种格局。这种格局又以染色体的形式作为遗传基因转为“遗传密码”，形成当今这种男子魁梧、女子娇小的性别特征。

这种区别还表现在智力上，男子擅长逻辑抽象思维、空间想象能力，而女子在语言能力方面明显优于男子，女子在人际关系和单纯记忆方面也比男子强。心理学家把这种差异归于环境和文化的影响：大脑两个半球分工的结果。

左脑偏重于语言、概念、数字、分析、逻辑推理等功能；右脑则偏重于音乐、绘画、空间、想象、综合能力。女子大脑两侧分化比男子小，则左右脑的分化专门程度不如男子，这又说明了为什么女子在从事抽象思维，空间思维以及立体视觉活动时不如男子。掌握了这个特点，在选择专业和职业方面会有帮助，主要是要从自己的“优势法则”出发来选择，这样才感到生活既轻松愉快又颇有成就。

心理学教室

“物质决定意识”的哲学思想是解决很多实际问题的“良方”，男女之间既有差别又没有太大的差别，这是一种客观存在的事实，任何人也要承认的事实。对任何事物，如果采用“把片面变全面”“把绝对变相对”“把静止变发展”的思维方式来对待生活周围的一切，那就是合理的，也是科学的，更是实事求是的了。

（湖南工业大学　陈　鹏）

26. 在科学与迷信之间

来访者自述

我在大学待了三年，因患神经症已经有两年了，只好休学。在休学期间，我去过不少医院都未治好。无奈之下，父母亲拜神求菩萨，求菩萨以后觉得病情又好了许多。我是一个唯物论者，相信科学，但在现实当中，好像我原来的观点又有点站不住脚。我想请问陈老师，这究竟是什么道理？

心理师分析

神经症患者的一个最共同最显著的特征是表现出某种较为稳定的心理冲突。那么对于神经症的治疗首先就是要消除或者至少缓解这种冲突。

按传统的治病手段是采用吃药打针使病人康复，但遗憾的是还没有发现某一种特殊的药物可以脱离心理治疗而独特地治好某一种神经症。也可以说，神经症是某种外界因素影响的结果，是某种生活风格的产物，与病者个人稳定的思维和行为模式直接相关，如果病人已卷入某种心理冲突而不能自拔，当然就不能脱离心理治疗的基本理论和方法而痊愈了。

人类的精神现象是很神奇的、复杂的、多变的，人的潜能是无穷的。因此神经症也是不可穷究的，神经症并不是一种谬误，更不能用对或不对的观念来衡量与评价，只能是说一切都取决于某种具体的情况而定。对同一种病，每个医生有各自不同的说法是对的，这是偏重于某一家理论的缘故，各有各的说法这一点也不奇怪。不同的医生从各自的理论背景出发，根据经验具体情况作出各种判断，自然会有不同的说法，不见效的原因可能是因为筑成自己心理冲突的具体情况宛如锁链，其实击破一环都可以解开整个全套。也有医生对你的情况不够了解的原因，还有你自身领悟不够可能也是其中奥妙之一，还不排斥你与医生配合默契等原因。

至于你相信神能使自己好一点的感觉，认为是治疗有效、“神比人好”这种思维定势的自我暗示在头脑中渐渐地产生了作用，所以觉得好一些。这是一种心理治疗的有效办法，只不过打着神的“幌子”而已。它的“形”是迷信，而“质”是科学，要一分为二地分析和看待这个问题，分析问题，听起来似乎足以令人惊讶，其实并不奇怪。

诚然，科学一定能够帮助人们走向文明与健康，但科学被人们掌握好了之后并不自觉地去加以运用，才会发挥巨大的能量。因此我们要相信科学，学习科学知识，准确而灵活地运用科学，积极地全面地理解科学，祝你动用科学的心理学的方法与技巧把你的神经症治好。若偶然遇到“神”助成功的一瞬，也要用科学的理论来分析解释，正如前述之千万不要陷进“神鬼”的泥潭而不能自拔。

心理学教室

在生产力相对落后的地区，有人生病了，也许首先就采用迷信的办法去治病，到底疗效怎么样，这是不需要回答的。此案例中的求助者有“迷信能治病”这种不合理信念存在于脑际，认为迷信也同科学一样能治病，把迷信与科学等同起来进行比较分析。其实，迷信与科学之间，其本身就不存在着可比性，只要去掉“迷信能治病”这个不合理的信念，那自己的观点自然就会站不住脚——相信唯物论，去掉唯心论。此例运用认知疗法很快使来访者去掉自己头脑中的“不合理观念”，改变了认知，什么心理顾虑和幼稚无知的想法都没有了，重新找回健康。

（湖南工业大学　陈　鹏）

27. 如何才能彻底忘掉他

来访者自述

上大学以后，我和一位自己并不喜欢的男孩好上了，现在因为每天要和他一起外出学校吃饭，一周要去市里逛上一次街，买东挑西，耽误了不少时间，学习成绩明显下降，与很多老乡、同学之间关系都疏远了，缩小了人际交往的圈子，这样下去可能会越来越被动，于是我想与他分手，恢复以前的自我。我又很烦，不知从何做起，会不会闹出什么麻烦，产生负面效应。现在我并没有把想法告诉对方，只是自己这么计划，请您给我指点一下，有什么好的招数？

心理师分析

招数没有，但参考意见可提供一些，最好还是自己酌取。

一个人在青年时代，恋爱可以说是无法回避的话题。高校里面的老师对学生恋爱问题的态度是：学生中谈恋爱，不便发言，不好发言，一旦张嘴，必有漏洞。然而我由于职业的缘故，也许是一个教育工作者的义务、职责的驱使也要闯闯这个禁区。我的信条是：按科学规律办事，错不了！

要彻底忘掉一个人说起来容易，做起来很难。何况曾经热恋了一阵子的人，要热就热起来，要冷就凉下去，真的做起来有想的那么容易吗？依我看彻底忘记只能是终止双方的那种热恋的交往，“恢复以前各自的本来形象”——在学校里以学为主，学习时间不去谈情说爱，休息时间不去谈学习，在教室里就认真听课，在食堂里面就是吃好吃饱，双方从内心上彻底地忘却，那还需要一个过程。目前你既然是在荆棘下匍行，那也就不要抱怨艰难了。放下就轻松，就明智，你说对吗？

（湖南工业大学　陈　鹏）

六、为心理障碍者“扫雷”

28. 父亲，你是我的魔咒

案例描述

这是一位很干练很要强的年轻女性，就职于一家大型外企，担当中层主管之职。说话语速稍快，给人一种紧张的感觉。这种情况由来已久。高三时，有一次在班级里和同学聊天，不知聊到了什么，她突然脸红心跳，尴尬不已。那是第一次出现症状。参加工作的第一年，压力大，任务重，症状又开始出现。后来，工作逐渐得心应手，人际关系也和谐愉快，渐渐地也就恢复了正常。

最近一段时间，新调过来一个男上司，大她几岁，是她的直接领导。上次做工作汇报时，她觉得自己没做到很完美，这让她很沮丧。从那以后，她发现，症状又出现了，且有越演越烈的倾向，即使在日常生活中有时也会如此。这让她非常恐慌。

家中兄弟姐妹几人，她排行第二，上面有一个人人都称“才女”的姐姐。父亲生性严谨，待人很严厉，她很怕他。在家里面她总是沉默的，很胆小，大气也不敢出。小时候做错事情，父亲只要声音一提高，她就会吓得发抖。姐姐性格随和，多才多艺，人缘极好，亲戚朋友都很喜欢她，父亲尤其如此。提起她，他的脸上总是充满了自豪。而她呢，出生时，父亲原本希望她是个男孩的。这件事每每想起来，都会让她暗自垂泪。从小她就感觉自己是多余的，无人爱的，不讨人喜欢的。她觉得特别孤单，没有安全感，不敢相信别人，只相信自己的努力。印象中父亲很少夸自己，好像做什么他都不满意。只除了那次参加全国竞赛，让他很是开心。她始终对自己要求很高，凡事争取做到最好。她要让父亲对她刮目相看引以为豪，这个女儿并没有生错。这么多年来，她一直非常努力，成绩也相当明显，在工作中她找到了自信。

心理师分析

这是一个渴望得到认同的女孩子。童年的经历，姐妹间的比较，让她懂得，只有自己足够优秀、足够强大才能赢得自信，赢得青睐。上司和父亲都是权威的象征，她渴望得到权威的认可，以证明自己的价值。工作中，面对上司和重要客户时，她期待有好的表现，从而格外紧张也就不足为奇了。在她心目中，她始终感觉不到父亲对她的爱。那是一种绝望的被抛弃的感觉，让她对所有人都心存戒备：生我养我的人都不爱我，何况别人呢？因此，表面看起来她开朗活泼，精明强干；实际上内心里波涛汹涌，暗自神伤。正是欲将心事付瑶琴，知音少，弦断有谁听！而这种方式是很不利于负面情绪的及时排解的。闷在心里，不断累积，积累到一定程度，心里不能再承载了，身体就会出现反应。

每个孩子，在他的潜意识里，都是渴望父母的赞赏和认同的。有的人甚至会为此付出毕生的努力。然而，更重要的是，你知道你是谁，你认同你自己。

（上海市云间漫步心理咨询中心　赵东霞）

29. 怎样面对“社交恐惧症”

案例描述

某女，20岁，未婚，大专文化，与人交往时紧张，羞见生人，回避社会。家中有姐妹俩人，她排行老大。幼时家境不富裕。父亲平日寡言，性格暴露，动则训骂。母亲懦弱厚道，逆来顺受。妹妹活泼好动，常受父亲打骂。来访者童年身心发育无异，懂事甚早，自诉入学前便颇知几分人情。文静、朴实，举止谨慎，懂礼貌，能自制，学习刻苦，成绩优良，常常因为某次考试未得第一名，或某次表扬没有自己，而怨别人或自责。19岁时进入某专科学院，立志发奋学习，但成绩平平，故时而气馁、悲观，时而愤愤不平，甚有嫉妒之意，然而，在公开场合却又显得不以为意，落落大方。常暗中注意同学们对自己的态度，上班后，从不参与同学们交谈，有时主动与其交谈，也因不敢正视对方而装作做其他事，或托词走开或背向同事，上下班故意加速或放慢速度，避免与人同行。自知如此做实无必要，甚至会招他人非议，但又不敢与人相处，常因此陷入矛盾之中，后经人介绍结识一男友，才貌均中意。虽向往能像其他年轻人一样相互依偎在花前月下，挽手出入剧院、商场，但每次下定决心，马上心慌、脸红以致勇气全消。一次男方父亲寿辰，未见公婆就心慌气短，四肢发颤，待到与公婆见面时，顿觉头昏目眩，满身大汗，语无伦次。众人误以为她中暑，急送医院就诊。此后，几乎羞见一切外人，甚至与家人共餐也有些不自然。为避免这种窘境，常托词病休在家，以免与外人交往。

心理师分析

来访者的主要恐怖对象主要是人，恐怖发作时伴有心慌、面红、气促甚至颤抖、大汗、头晕目眩等自主神经紊乱现象，并有回避行为。来访者知道恐惧过分，不必要，但无法控制。这是典型的社交恐怖症状，治疗方法主要如下：

（1）行为疗法。其中系统脱敏疗法最为有效，但程序繁琐、疗程太长。

（2）运用心理分析方法帮助引导病人回忆过去，找出与生活事件相联系的心理冲突与诱发因素。

（3）在症状严重影响生活时，可配合药物治疗缓解一些症状。

（河北工业职业技术学院政体部　李敬华）

30. 怕见人的大学生

案例描述

小张走进心理咨询室，他二十岁上下，中等身材，白净的脸上戴着一副金丝眼镜，还未开口，脸就一阵红、一阵白，不敢面对医生，他局促不安，低着头或把脸转向别处，偶尔抬头亦面红耳赤，惊慌失措，情绪焦急，双手颤抖，一看就知道是一个胆小的年轻人。

陪同他来的母亲说明了来意，他是某大学的应届专科生，一年前在一个周末的晚上，第一次与女友约会时，突然紧张，出现口吃，受到女友的讥笑，称他“有毛病”并拒绝了恋爱的要求。他为此痛苦异常，从此再也不敢与人交往，不敢在公共场合说话，不敢进公共浴室洗澡，不敢进公厕小便，但还能坚持学业，在实习期间紧张加剧，与人交往时好脸红，头皮发麻，常不由自主抖动，不能控制。现在大学毕业，分配到外省工作，因怕见人不愿去报到，在家闭门不出，担心身体有毛病，缺乏自信心；曾在某综合医院作健康检查，未发现异常，故来心理咨询。

心理师分析

初次接触，小张紧张、焦虑不安。为了缓和他的情绪，笔者以极其和蔼的态度表示关心，对他的痛苦表示同情和理解，在轻松的氛围下，小张表示愿意敞开心扉，并约定回去后认真思考母亲介绍的有关问题，尤其要回顾一下幼年的经历，有无特别重要的创伤和往事，以及不良行为。

在以后的日子里，小张多次单独会见医生，并讲了他的故事——他十二岁前生活在农村，因是独生子受到母亲的特别溺爱，每晚都是偎依在母亲的怀抱中，抚摸着母亲的乳房进入梦乡。大约在七八岁时，听一个年龄稍长的男孩说起晚上看见父母裸露着身体在一起交欢的事，说得神乎其神、惟妙惟肖，联想到自己偶尔看父母在一起的情景，当时就产生了极大的好奇心和强烈的求证心理，当天晚上就在朦朦胧胧中开始了手淫，并产生了快活的感觉，从此就有了手淫的习惯。不久，在一次偶然的机会中，与邻居家的一位十岁的小姑娘，在游戏中模仿大人的样子，脱光了衣服相拥在一起，当时并没有什么感觉，也无紧张害怕可言，只是觉得很好玩，很开心。

十四岁时小张在 S 市读中学了。一天无意中发现小腹下长出了几根阴毛，不久又发生了遗精，这看起来与身体其他部分的发育不相吻合，而且比同班同学发育早。那时男孩子们在一起私下里说起“发育”的事，都是一些幼稚可怕、乱七八糟而淫秽的描述，于是在幼小的心灵里，产生了一种对阴毛的恐惧和厌恶，并认定发育过早肯定与抚摸母亲的乳房和那次“性交”有关。因此害怕别人知道自己已经发育，似乎别人看到长出的阴毛就知道了以前的事，并产生了一种耻辱和犯罪感。于是在洗澡和上厕所时尽可能躲着别人，整日担惊受怕，偶尔上公厕遇到他人时，就紧张得解不出小便来。久而久之，看到厕所就紧张，不敢在众人面前说话，怕与别人对视。进入高三后，不但面临着高考沉重的学习负担，而且又多出一份心理压力，实在是心力交瘁。有时将小便憋住，或为上厕所而迟到，为此吃不下，睡不着，家里人还以为是学习负担太重。那时的心理压力实在是太沉重了。

进入大学后情况略有好转，但一直不敢与同学一道上公厕小便。在大学二年级时，第一次约见自己钟爱的女孩，由于紧张，说话有点张口结舌，半天说不出话来，不敢面对她，致使她说“你不太正常”。当时小张立即联想到不敢与他人一道上公厕小便，想到幼年时的“性交”行为，从此，更加不敢与人接触，完全自我封闭起来了。多年来由于个性好强，一直不敢向他人诉说，自信心彻底地垮了，悲观失望，内心极度痛苦，现在大学毕业了，不敢去单位报到，不知如何面对现实和未来，希望得到帮助。

经认真查询，这位大学生患的是在东方国家青年中的常见病——“恐人症”。它发生于青春期，发病诱因常常与性爱有关。可能是对异性有朦胧的好感，偶尔与其对视，或出现一些性幻想时，担心他人看出自己内心的秘密而感到羞愧，并极力加以掩饰。这些人大多在幼年时有过主动参与的性经历，如手淫或其他性游戏。恐怖开始时常局限于特定的情境，如课堂、会场、浴室、公厕等公共场所；持续时间常伴随着整个青春期；常出现对社交情境的回避，并伴有脸红、心跳加快、四肢发抖等自主神经紊乱症状。许多学者认为羞耻感是引起“恐人症”的社会心理基础，在中国的传统文化“礼义廉耻”中，“知耻”是重要的组成部分，对大多数刚进入青春期的青少年，当众揭穿他们内心隐藏的性爱秘密和性幻想，仍然是令人害羞的事。在西方国家，即使在十九世纪“性解放”思潮兴起之前，青少年对异性同龄人产生了性爱和性幻想，大多可以公开讲出而并不以为耻，现代西方更是如此。东西方的这种差异，可能是导致东方国家出现“恐人症”的原因之一。

在我国，“恐人症”的治疗主要采用的方法是“钟氏领悟疗法”，通过交谈、分析、疏导、领悟等手段，使患者认识到自己思维方式的幼稚性，并使其克服羞耻心理，主动求医，使自己的行为模式恢复正常。对于小张，我们就是采用这种方法进行治疗的。

治疗持续进行了四十天，先后面谈了六次，每次一小时左右。我们一道分析了产生恐怖的原因及发生的全过程。在一般的心理疏导后，为他进行了认真的体检和各项实验室检查，证实了他的身体，尤其是泌尿生殖系统是完全健康的，并针对他的病情反复强调：人到青少年期身体的发育，尤其是性器官的发育是必然的事。即使不抚摸母亲的乳房，没有幼年的那次“性交”，也同样要发育。而七八岁的孩子性器官并没有成熟，进行成功的性交是不可能的，用其本人的话说“那时并无快感”，加上当时的心理活动水平是极其幼稚的，不会用什么道德标准去衡量自己的行为，所谓“性交”充其量不过是一次有身体接触的性游戏而已。但这种行为作为一种潜在的因素在头脑深处留下了一个深深的烙印。会谈中，我尽力让小张明白这样一个道理：害怕与人交往产生的原因是心理成熟程度不健全，而在青春发育时又产生了错误的联想，此时幼年的性经历起了重要作用，由害怕性爱秘密被揭露而产生了羞耻感和自责心理，进而产生对特定情境的恐怖，这种心理冲突不断地被强化，而失恋又使得“恐人症”进一步加剧了。

一个多月后，小张的恐人症状获得了明显的改善。他在治疗心得中这样写道：“我在幼年时受到不良影响，有过一次性交似的游戏，由于对性知识的缺乏，加上没有人了解我的心理状况，在没有足够心理准备的青春发育期产生了恐慌和错误的联想，将幼年的性行为与身体发育作为因果关系而确认下来，实际上是认知水平误入了歧途。这么多年来不敢向他人诉说而被压抑在心中并不断地被强化，不能自拔。对性的问题一直停留在儿童时期极为幼稚的认知水平上。现在通过治疗，尤其是在医生不厌其烦的讲解中，我在认识上有了一个质的飞跃，对以往的行为产生了一种完全不同的理解和认识，感到心理上、人格上更加成熟了，心境也豁然开朗。今后，我要加强这方面的学习，尽快克服怕见人、害怕到公共场所的毛病。”小张在医生和家人的鼓励下，充满信心地走上新的征程。

一年后，笔者收到小张的来信，他这样描绘了自己的体会：“我永远忘不了和您的多次交谈，您是那么亲切、和蔼，让人感到放心，使我当时濒临绝望的心灵露出一线生机，由不相信自己会好，渐渐地转变为坚信一定能康复。现在经过一年的努力，我已适应了新的环境，不敢上公厕、说话紧张、爱脸红、怕见人的现象已不复存在，对今后的生活充满信心。我衷心感谢您陪伴我走过我一生中最艰难的日子。在这重塑自我的过程中，如何藐视和战胜困难，已不被看成那么艰难。人生的道路还很长，还会出现各种问题，我会努力使自己在心理上不断走向成熟和自信。”

（安徽皖南医学院医学心理学教研室　刘新民）

31. 一次群体心理应激障碍的干预

案例描述

2007 年 3 月 11 日晚上 8 点左右，某校文学院一名大三女生在晚间外出时突发交通意外去世，因与肇事者协调赔偿等问题，其家长将出事女生遗体停放在学校达五天之久。意外发生得突然，死亡女生的 5 名室友均感觉异常恐惧和焦虑，皆不敢回寝室睡觉，且情绪低落，其同班同学都有不同程度的恐惧和焦虑，普遍情绪低落，其中一名女生表现尤为严重。

主要问题行为表现：

（1）情绪极其低落，学习无兴趣，感叹生命的无常。

（2）恐惧情绪明显，不敢在寝室独处。

（3）严重失眠，做噩梦，事发后每天都失眠。

（4）过马路恐惧，每当过马路时，全身抽搐流汗，甚至听到汽车发动都会害怕，一定要有人搀扶或只能走天桥才敢过马路。

（5）曾在别的寝室住过一星期，仍不能入睡，因为晚上无法休息，白天精神恍惚，反应迟缓，且感觉周围人与自己疏远，不愿与人交往。

心理师分析

当事故发生后，我校应激事件支持体系第一时间发挥作用：一方面，由学生辅导员和班主任安抚知情学生情绪，心理健康教育中心紧密关注学生心理动态并制订应激障碍干预预案；一方面，学校领导和相关部处领导赶赴处理善后事宜，文学院书记和学工部部长当晚到学生宿舍看望出现应激障碍的同学，成立信息小组，每天反映受到刺激学生的动态，通逐个面谈，选出一名心理素质较好的同学，帮助害怕学生。当处理完事故，将遇难学生遗体运送回乡并下葬后，校心理健康教育中心的辅导老师，根据预案进行了以下干预：

首先开展团体辅导，团体成员为发生事故女生的同班同学。团体目标：缓解压力、减轻恐惧、调节情绪以建立对应激事件的积极应对。团体辅导中，第一步：通过认知评估判断此事件即应激源对自己的威胁有多大，应对应激源自己具备哪些资源。第二步：引导团体成员改变认知策略一是重新评价应激源自身的性质，二是重新组织对事件的认识。第三步：压力体验训练，换一种方式考虑应激源，想象处于较小的压力中，认同可以抵消非适应性行为的做法，如感觉晚上恐惧就结伴同行。第四步：放松训练，并对自己的适应性行为进行评价，积极应对。

团体辅导之后，文学院领导、辅导员和班主任坚持每天到学生宿舍与学生谈心，建立紧密的支持体系，缓解恐惧情绪。院系组织一些聚会活动加强社会资源力量，促进同学之间感情的融合。

以上两个方略完成后距事故发生已近半个月，为应激障碍的正常持续时间，心理辅导老师通过密切观察和压力应对量表的测试结果，结合辅导员班主任老师的调研资料，筛查出心理应激还在异常持续学生，进行个体心理咨询。

（湖南省吉首大学学生心理健康指导中心　李　明）

32. 我为何如此在意自己的容貌

案例描述

她是上海一所大学的大四学生，已经被失眠、强迫思维折磨将近一年了。

最近几个月，她一直为自己的容貌苦恼不已，觉得不如以前好看了，每次看到镜子中的自己，眼圈黝黑水肿，眼角干纹绽现，肤色暗沉无光，感觉自己太老了，就像黄脸婆一样。

咨询师禁不住仔细看了看她：这是一个相当漂亮的女孩啊！眼睛大大的，鼻子挺挺的，皮肤细腻，一头披肩长发乌黑光亮，怎么看都是一个标准的美女呀。

“我现在很怕照镜子，自己又老又丑的，看得心里很难过。可又控制不住地要去照，每次都会失望地发现皮肤又差了，人也没精神……”

嗯，咨询师也发现，她的模样的确是有些憔悴。

“我也不想这样的。我知道自己这样在意外表是很庸俗，很肤浅的……我也知道父母含辛茹苦地供我读大学是多么不容易……可是，我控制不了，真的控制不了……”她的声音哽咽了，眼泪如断线的珠子掉了下来。

白天，一点小事她也放在心里反复思量，尤其是关于容貌的，吃的是不是太多啦？这些东西是不是对美容有影响？头发这样是不是会影响发质？晚上，很担心什么事会影响她的睡眠，枕头的软硬高矮、床垫的舒适度、被子的薄厚，等等，就怕休息不好会影响肤色、眼睛。可往往事与愿违，每晚她都辗转反侧，很难入眠，脑子里乱糟糟的都是有关容貌的烦恼；睡着了半夜又极易醒，越想睡越睡不着；迷迷糊糊好容易睡几小时，转眼又天亮了。第二天神情倦怠，眼窝深陷，自然又开始新一轮的自怨自艾。

明明是很漂亮的女孩子，为什么会觉得自己很丑呢？又为什么如此在意自己的容貌呢？

她本是一个很要强的女孩子，对自己要求也很高，从小学到高中学习成绩一直都不错。父母对她要求也很严格，一向信奉“谦虚使人进步，骄傲使人落后”，对她的表扬屈指可数。小时候因为长得漂亮，经常听到的赞美除了“学习这么好”以外，就是“这个小姑娘真漂亮！长大一定是个大美人！”初三时就有很多男孩子追捧，围前围后的，心甘情愿为她效劳。

她感到自己与众不同，不仅成绩好，长得也漂亮。为此，她感到很骄傲很满足。

“女孩子在意容貌本是无可厚非啊！哪个女孩子不希望自己青春貌美呢？这件事怎么会成为一种困扰了呢？”咨询师问道。

原来，上了大学以后，优秀的人多起来了，漂亮的人也多起来了，她再也不像以前那样频繁地听到别人的赞美了。起先她也没那么在意，虽然心里空空的，很失落。但是一年前，她和同寝室的一个女同学闹了矛盾，那个女孩子长得不错，成绩也比她好一些，连男友也夸过她好看。她很不服气。

她曾试过在学习上赶超那个女孩，可两人始终不相上下。渐渐地，她变得越来越在意自己的容貌，越来越在意和她的比较，唯恐在容貌上输她一截。而且是越比较越发现自己的不足，简直一无是处，于是就更加……

明知不应该，她却无法控制不去想，也曾多次下定决心改，却收效甚微。每晚临睡前都要胡思乱想两三个小时，在向自己保证多次这是最后一次这样了，才能安心地去睡。但是第二天相同的情景会再次上演。

为什么她会如此在意自己的容貌?

一直以来，姣好的容貌和优异的成绩是支撑她自信的两根柱子。现在学习成绩这根柱子的力量越来越弱，她不得不全力用容貌来支撑。所以，它的一点细小变化都会让她胆战心惊，如临大敌；因为如果它也倒了，她的自信就会倒塌。

其实，她在意的是别人的赞美，是赞美带给自己的自信的感觉。也就是说，她对自我的认同，是建立在别人的评价之上的。

那么缘何痛苦呢?

很在意自己的容貌，又不接受自己如此在意容貌，从而造成了双重痛苦。

几次治疗过后，她的症状已明显改善，但仍有强迫思维出现。

这一次，她谈到了昨晚做的梦：沙漠，困境，性格迥异的两兄弟，你死我活的争斗，不能接受的自我。

咨询师果断决定，从这个梦入手，采用意象对话技术直接从潜意识做功课，促进她的自我接纳和自我整合。

结束意象对话的她，感觉很轻松，一个新鲜的世界，一个全新的自我。

接下来的两次咨询，咨询师又采用了意象对话技术处理了她与室友之间的问题，并进一步加强了她的自我接纳，对她的认知也作了进一步的调整。

一个疗程结束了，灿烂的笑容又回到了她的脸上。她还是会在意自己的容貌，但不会那么关注了。她也找到了自信的其他来源。现在的她，幸福地享受着青春，享受着生活……

（上海市云间漫步心理咨询中心　赵东霞）

33. 摆脱强迫症状，享受美好青春

案例描述

女，江苏无锡人，考上大学后一直不适应，无法安心向学。呈现症状如下：每遇上课就感觉肚子疼，紧张，下课即奔厕所。平时做事动作缓慢，每天早早起床但仍常迟到，沉默寡言，没事做就在宿舍擦桌子、凳子，一擦就是数遍，还不满意。用过的杯子，毛巾消毒好几遍，呈洁癖症状。每天用至少八瓶热水，洗头要洗半个小时。自理能力极差，经常问些弱智的问题，如洗头时全湿好还是半湿好等。其他症状：每天睡前需憋尿，如不将尿排尽则浑身不适，难以入眠。

心理师分析

通过与该同学的交谈，我得知她中学时受过原因不明的刺激，逐渐形成强迫心理。

找到心理问题原因后就进行了针对性疏导。一是让同学们与之多交流，帮助她克服强迫症问题。二是与其家长联系，让家里在假期和周末给她找份兼职，让她坚持上班，风雨无阻，投入现实社会紧张火热而真实的生活中去。三是经常跟踪疏导纠偏。后逐渐克服毛病，上课不怎么迟到，心态好起来了，动作正常。

针对呈强迫症状学生要及时发现，设法疏导转变，让其意志力强些克服困难，摆脱强迫症状，享受美好青春。

（江苏无锡商业职业技术学院心理中心　龚　玲）

34. 原来强迫症的原因是曾经失恋

案例描述

云南某大学二年级一男生P在电话中对心理师说他患强迫症已4年多，多处、多次治疗均不见疗效，情况似有加重。问心理师有否良药可治愈？语气中带有怀疑或瞧不起心理老师或心理医生的成分。心理师回答说：这不敢保证，若确诊并找到患病的原因特别是根本原因，则良药不成问题，治愈也很有可能。根据“来者不拒、去者不追”

和“求助者自愿、自主”的原则，心理师只按他的提问被动回答问题，不主动、深入问话。通话结束，祝愿他早日排解强迫、恢复自由、坚持放松。

第二次的通话，似乎是一个重复或强迫动作：P 还是那样的问话，心理师还是那样的回答。然而个案咨询预约成功。

原来 P 同学在初三与同班一女生 Ch 相恋，到了高一，两人分到两个学校，见面的机会少了。一次，P 去找 Ch 玩，发现 Ch“另有新欢”，心中非常痛苦，想不通 Ch 为什么竟忘记他们曾经的“山盟海誓”。他不甘心，一次，他拦住 Ch 的去路，问她为什么要背信弃义。Ch 当场没有给予答复。事后他收到她的一封信，信上说：“很多事情是没有答案的，因此就没有必要追问到底。我们的关系就是这类的事情！”P 失恋了，但他“化悲痛为力量”，终于高考成功！

据悉，Ch 与“新欢”都没有考上大学，且不久也“分道扬镳”，Ch 也早早地参加了工作。P 与 Ch 也曾一度失去联系，还是他前不久暑假回老家与原来中学的同学聚会，得知了 Ch 的联系方式。

然而，伴随着他的刻苦学习，出现了一个新的问题，就是他从高一到现在大二，从偶尔到经常，问老师、同学甚至是社会上的其他朋友，关于“为什么”和“到底是……还是”的话题：为什么太阳从东方升起？为什么没有永动机？为什么地球能把人类和万物吸引住？为什么人要读书和吃饭？到底是先有鸡还是先有蛋？到底是……他的问题，开始大家还以为是勤学好问，后来发现他问的问题要么没法回答，要么不需要回答。于是，大家开始怀疑这是一种病态。后来有人就干脆建议他去看心理医生。这就回到上面电话预约中谈到的问题。

P的症状是心理师在与他进行交流的过程中包括使用量表和进行投射发现并整理的。心理师测试诊断是观念性强迫症，并认定高一的那次“失恋”就是形成强迫症的原因。就是那个情结，强迫着P同学不断地问“为什么”和“到底是……还是”。P同学听了，感到非常震惊。这是P在意识层面所没有发现的，并且他说，这也是以前看心理医生，谁也没有提到的。

在问到大学期间的异性朋友和分别给几个女生打分的时候，P说他暗恋过两个女生，但不想或不敢公开示爱，怕一旦被拒绝又找不到答案。他给包括Ch在内的3个女生打分，Ch得5分，竟排在最后。P说他与Ch近期在QQ上有过交流，是P主动的，双方谈了些各自学习和工作的情况，谁都没有深谈或追问或回首往事，似乎过去那段事压根儿就没有发生过，并且，P对Ch明显有反感情绪。

根本或第一原因找到了，笔者开出的药方中重要的是心理剧疗法——与Ch举行一次“告别仪式”，此外，还运用了思维阻断疗法、认知重建法、“安慰剂”疗法和橡皮筋技术。具体操作从略。让P告别过去，告别过去的Ch，这对迎接并适应新的环境、新的学习和新的异性友谊，都有着重大意义。

通过跟踪辅导，3个月后P同学说他感到有明显的疗效，与老师、同学交流，基本见不到“为什么”和“到底是……还是”的问题。

（云南省昆明市心桥心理健康研究中心　钱锡安）

35. 摆脱厌学情绪，享受大学生活

案例描述

某男，江苏徐州农村人，机电工程系汽车2005级学生。特困生，成绩一般。该生看不到就业前景，对前途悲观失望，厌学，欲退学赴苏州打工以减轻家庭负担。

心理师分析

经面谈，笔者得知其厌学的原因：一是家庭贫困，无力支付其继续攻读大学的费用，他感觉愧对父母，于是想到弃学打工以减轻家里经济负担。二是从已就业的师兄们那里听到些负面的就业信息，如工作又累又脏，工资开始只有500多元等，从而认为上大学无用，前景暗淡。上大学也是为了工作，不如趁早踏入社会，抢占先机，谋个好职位。三是女友在苏州读大学，他赴苏州打工后可以便于相处。

我用了半天时间与其详谈，了解到问题来龙去脉之后就进行了针对性的劝导工作。得知他家离我家只有18里路

程，且和我一高中同学同村后，就运用自己人效应对其进行劝说。我先用家乡话谈了我对他村庄的环境，村庄的河流、田野、人物成功的事例和人物的熟悉。这样就获得了他的信任和亲近感。随后帮他分析了农村学子的出路——读书改变命运。经济困难的解决办法——寻求各方资助。父母也同意的原因——父母希望子女平安，健康。

其在校厌学想不开，与其如此，不如任其自由，尚能保留一个鲜活的生命。女友可能的态度——他弃学后就是普通打工仔，可能发展一般，与女友有差距产生，导致矛盾，而后弃之而去。继而我又给他举了一些家乡克服困难成功求学、事业有成的例子，让他有了榜样，产生了信心，想通了问题而安心学习。

通过助学体系及个人勤工助学，来访者的经济困难得以解决。父母希望其能有出息，女友亦劝其坚持学习，晓之以利弊，使他不再有弃学念头。因而，其形成阳光心态愉快的学习，成绩进步快，同学相处融洽。毕业后进入一家汽车 4S 店工作，一切顺利。

教师要针对厌学生学找到原因，对之负责，设法帮助其摆脱厌学情绪，享受大学生活，学业有成，回报社会。

（江苏无锡商业职业技术学院心理中心　龚　玲）

36. 一位即将毕业大学生的遗书

案例描述

某高校，一个周末之夜。

毕业班的大学生们都在尽情地享受这难得的空闲，上街、约会、娱乐、休闲等。来自农村的成华与同寝室的同学选择了打牌，玩“争上游”。为了增添刺激性，有人提议，谁当一次“下游”就用粉笔在谁的背上画一只乌龟，大家一致赞成。或许是手气好，成华好长时间没当下游，他与同学们一起，起劲地在下游同学的背上画着一只又一只乌龟。嘻嘻哈哈，好不开心。

可是，一不留神，成华当了下游。他却怎么也不让其他同学在自己的背上画乌龟。年轻气盛的同学岂能放过他，一拥而上，将他按倒在床上，在他背上画了一只好长好长尾巴的大乌龟！

成华生气了，他愤怒地将牌摔到地上，恨不得掀翻桌子。同学们莫名其妙，不知道问题出在哪儿。一位同学解围道：“好了，好了，天已不早了，都睡觉吧。”扫兴的同学各自上床休息。

已过半夜，成华一直为被画乌龟之事而耿耿于怀，翻来覆去不能入睡。大约凌晨2点钟，他从上铺跳下来，将下铺的张敏（画乌龟的执笔者）推醒：“起来，起来！”

张敏睡得正香，半睡半醒的他极不情愿地喃喃道：“什么事啊?”

成华说:“你告诉我,为什么要在我背上画乌龟?!”

张敏无法回答,就敷衍说:“睡觉,睡觉,有话明天再说吧。”

成华不依不饶:“你必须起来给我讲清楚!”

此时,张敏已清醒:“你胡闹什么!这有什么好讲的?我就是不起来。”

成华拿起一把水果刀:“我喊一、二、三,你必须起来!”

“我就不起来!”张敏答道。

“一——二——三!”

张敏未动。

失去理智的成华对着张敏的胸部连捅三刀。

全寝室的同学都被惊醒了。大家一边上报情况,一边将张敏送往医院。在路上,张敏就不行了。

附:成华的遗书

1981年,我以较好的成绩考入了××学院,我怀着无比虔诚的心情来到了这个我向往已久,并为之奋斗数年的地方。可是,当稍微了解了大学生活的真实之后,我失望了,加上听不懂上海话,不了解这里的生活习俗,自然十分迟钝和笨拙,我越来越沉默寡言,以前从学习上培养出的自信,开始瓦解了,我第一次意识到学业并不是唯一要关心的事情,有些方面甚至更重要。

长期以来,我的这些思想围绕着我,折磨着我。我知道自己无法解脱,我早就注意了自己的生理缺陷(成华的尾骨因发育问题较别人要长一点,故一直怕别人耻笑而自卑，从不敢上澡堂——作者注）。知道这些想法会使我越发孤僻，会摧毁我的自信，会消除我的进取心，但我毫无办法，我不信任任何人，只觉得如果我把内心的痛苦讲出来，只会被嘲笑，而不会得到真正的帮助，我的心扉从未向谁完全敞开过……

每天早晨，天还未亮，当我醒来的时候，便会猛然地意识到自己是一个双手沾满鲜血的凶手，我不敢认识我自己，我竟那么凶残，竟会去行凶！我当时为什么就没有更多地想一想？如果我想到我的行为将会使那么多人不幸，如果我想一想父母的养育之恩，如果我想到国家培养了我那么多年，如果我想到法律的威严……哪怕稍微想一想呢？为什么？为什么？

当我拖着铁链通过阴暗的牢房，才仿佛真正意识到，我失去了最宝贵的东西——自由。一个人没有自由，他就变成行尸走肉，活着只能是苟延残喘。悔恨、绝望和恐惧没日没夜地围绕着我，无法摆脱。我时刻挂念着我的父母、我的外婆、我的爷爷、我的朋友们。他们含辛茹苦养育了我二十多年，对我抱有很大的希望，当我可以报答他们的时候，等待他们的却是被捕的消息，他们受到了这种严酷的打击吗？他们在做些什么？爸爸、妈妈、外婆、爷爷，一切爱我和我爱的人们，我是您最最不孝的后代，我罪该万死！

…………

一失足成千古恨，我悔恨，但我很清楚，已经晚了。我对不起任何人，我对不起我的亲友，我对不起国家对我的培养，我还深感对不起被害人，我没有想到我的行为会使他付出自己的生命，我对不起他（注：指被害人）的父母、亲友，他的父亲患过中风，不知道这样的打击能否受得了。

我来到这个世界上，只有短短的二十二年，我是多么渴望生活！第一次放风的时候，我沐浴在春天的阳光里，那阳光多么温暖，太阳那么高，它照着铁窗外的人们，它照着我的同学们，在这明媚的春天里，他们该是多么愉快，多么幸福！太阳还一直照着母亲痛不欲生的面容，外婆苍白的白发。我多么想跪在他们面前。可是，没有用了，只是请他们相信，我的行为，我自己负责，与任何人无关。

心理师分析

当你读完这一悲剧故事以后，你是否为一桩小事断送了两位即将毕业大学生的性命而感到惋惜？虽然这是一桩刑事案件，但整个过程都可以透视出成华内在心理结构方面的问题，无论是在认知和情绪方面，还是在行为、个性、人际关系和人生观等方面。那么，成华存在着哪些具体的心理问题呢？这些问题又是如何形成的？我们怎样才能及时识别这些问题？如何才能改变这些心理缺陷？怎样防止此类悲剧的重演？等等，都值得我们认真地思考。

任何一个大学生，只有全面、客观和深入地审视自己的心灵，找出自己的问题，完善自己的人格，才能保持一种积极健康的心理状态，愉快地、高效率地完成大学学业。

成华来自于山东某县一个贫困的乡村，他的童年是不幸的，这不仅仅因为家境贫穷，更重要的是他的生理上有一个他认为致命的缺陷——他有“尾巴”。其实，只不过是他的尾骨较别人要突出一点，这是一种发育上的小缺陷。

因此，这使他形成了长期的心理负担和挥之不去的阴影。他因此而不敢游泳，不敢上澡堂，担心让别人看到了自己的缺陷而丢脸；他因此而感到痛苦，长期压抑；他因此形成孤僻、自卑的性格，觉得心中的苦恼无处申诉。他不相信任何人。

其实，他的生理上的问题并没有导致功能上的缺陷，外观也并不十分显眼，而且还可以考虑医学措施。但由于扭曲的心理，他“拒绝”着外界的帮助。

在大学期间，所处的社会环境对他来说也是巨大的压力。在上海，由于语言不通，对那里的生活习俗和风土人情不能适应，增加了他的自卑感。长期形成的扭曲心理，在同学一不留神的象征性的“尾巴”刺激下，使他失去了理智，发生了激情犯罪。

（安徽皖南医学院医学心理学教研室　刘新民）

37. 我是叛逆的小孩

案例描述

坐在咨询师面前的是一位二十岁出头的年轻漂亮的女孩子，一双亮闪闪的大眼睛似乎对一切都充满了探究和疑问。

她告诉咨询师，来上海两年，已经跳槽几次了，似乎每份工作都做不长。开始并没有在意，觉得不喜欢就走呗；后来才发现不对头，自己喜欢的工作也并不能保住。好像自己已经陷入一个怪圈中：每工作几个月，不是自己想走人，就是老板请她走人。也尝试过努力，却始终无法摆脱这个怪圈。于是，痛苦和彷徨的她走进了心理咨询室。

心理师分析

看似幸福的她实则有着一个并不快乐的童年。父母分居两地，感情并不好。印象中她很少看到父亲，他总是匆匆而来匆匆而去，扔下一叠钱就不见了。而母亲总是唉声叹气，终日以泪洗面。当她长大一点，父亲停留的时间稍微长了些，他总喜欢摸着她的头说，“看看你吃的穿的用的，哪一件不是爸爸给的！要是没有我，你哪来这样的好生活啊！”每次听到这些话，她都气得牙根痒痒的；而母亲总是流着泪，劝她忍耐、忍耐、再忍耐……于是，在父亲面前，她就只好尽力做个乖乖女。

然而，无论她如何努力，终究阻止不了事态的发展：十三岁那年，多年貌合神离的父母终于离异了。

得知消息的那天，她哭了整整一个晚上。她恨父亲的无情抛弃，也恨母亲的胆小懦弱。她发誓，以后一定要坚强独立，一定要活得有尊严！她不会再允许别人不尊重自己，她要凭自己的实力让父亲看看：没有你，我照样过得很好！

此后的她似乎多年的束缚一下子解脱了，她开始变得锋芒毕露，敏感而无畏，浑身像长满了刺，全副武装起来。

从高中到大学，她基本都是在和老师的对抗中度过的，对于所谓权威、传统，她全都不屑一顾，嗤之以鼻。如同一只身处险境的刺猬，她敏锐地觉察着任何不尊重、强迫以及形式上的东西。

实际上她所追求的并不高，也不过就是有尊严、真实地活着，没有虚伪，也没有欺骗。

工作后，她仍旧希望保持真我本色。其实，对待每一份工作她都很认真。她不怕吃苦，也很拼命：为了第二天的项目投标，她可以加班到凌晨四点，整幢大楼黑漆漆的只有她一个人……

然而，很多事情她看不惯：同事间的相处，同事对客户的敷衍，老板对员工的态度，工作计划的执行，等等。对于人际的交往，她总是缺乏应有的信任，无法不从负面的角度去思考；在同事的眼里，她整天嘻嘻哈哈，玩世不恭，一副小孩子的样子。其实她不过是以小孩子的样子来保护自己，因为大家不会和一个小孩子计较。

她也想过上向往的生活：健康，独立，宽松，有三五知己，一大群朋友。然而，就像那首歌唱的："有时候我觉得自己像一只小小鸟，想要飞却怎么样也飞不高。也许有一天我栖上了枝头，却成为猎人的目标。我飞上了青天，才发现自己从此无依无靠……我怀疑是不是只有我的明天没有变得更好？未来会怎样，究竟有谁会知道？幸福是否只是一种传说，我永远都找不到……"

这实质上是一个还处在叛逆期的小孩。成长的伤痛，让她还停留在叛逆阶段。老师、老板、父亲都是权威的象征，对父亲的怒火和反抗都转移到了老师和老板身上，所以她总是看他们不顺眼，总能找到他们身上自己不能容忍的缺点。而父母的离异又让她失去了对人性的基本信任，她怀疑一切，她愤世嫉俗，她无法和别人保持较亲密的关系，因为人都是不可信的。

另一方面，她又是一位自尊自爱、执著认真、顽强不息的女孩子，她一直在努力寻求自己想要的生活，从来没有放弃过，一直在不懈地追寻着……

对她的咨询过程，也许就是陪她长大的过程：如何面对曾经的伤痛？如何看待自己、看待别人、看待这个世界？如何一步步地达到自己的目标？……

（上海市云间漫步心理咨询中心　赵东霞）

下编

心理咨询与心理治疗

一、最难发现的自我意识

1. 得不到的总是好的

来访者自述

我有很多朋友，还想去交一些新朋友，有时找到了自己又感到不怎么合适，原来的老朋友又觉得“旧”了点。我经常为这个事发愁，这是一种什么心理？

心理师分析

不管是谁，都有求新求异求美的心理，认为已经成熟的人和事都没有什么吸引力了，要去猎奇，寻找更大的刺激，获得更新的东西，找到更好的人与自己志同道合，这属于正常人的心理。“本地胡椒不辣”，什么东西进口的就是好的，自己生产的倒不如人家的，“外地的和尚好念经”，这些是一些思维定势。其实有时黄金就埋在脚下，你可能没有发现，有时人才就在身边，友谊就在眼皮底下，真正的朋友近在咫尺。

心理学家认为，人有各种各样的心理需要，然而一旦需要被满足，就会去寻找另一种新的需要。最普遍和最具破坏力的心理倾向之一就是人们集中精力去想所需要的一切。有时对现实不珍惜，对未来又想入非非，这是人类的通病，大多数人都“希望生活与别人有所不同”，就在这一思维定势中有的人掉进了陷阱，有的步入泥潭，有的则丢掉了眼前的幸福……所以我们要从“得不到的总是最好的”的非理性思维中解放出来，实事求是，充分运用自己获得的各种优势，发展自己，提高自己，这才是真正健康的心态。

（湖南工业大学　陈　鹏）

2. 调整个人的抱负水平

来访者自述

我是学校学生工作部的副部长，有些同学的心理问题不一定全部都来找老师咨询，有时我们也可以向他们解答一些，只是那些我们认为很棘手的问题，才推荐到学校心理咨询室来。比方说挫折是一个比较普通的问题，想向您请教一些应对的方法，既能用于我们自身的调整，又能提高我们的工作水平，且有利于辅导同学，这是“一举三赢”的举措。

心理师分析

谢谢学校学生工作部做了大量的务实性工作。挫折的消除办法很多，我认为调节抱负水平是一个“方向盘”，只要把握住了这个，挫折感就可以完全或部分消除了。

抱负水平是个体从事某种活动之前，是自己给要达到的目标所规定的标准。自己给自己定的标准高则抱负水平高；规定的标准低则抱负水平低。目标或抱负水平是最为重要的行为动机之一。

挫折是指人们在某种动机的推动之下，实现目标的活动过程中，遇到了无法克服的障碍和干扰，使其动机不能实现、需要不能满足时所产生的紧张状态和情绪反应。

挫折具有客观的必然性，这就是说不管是谁要去达到某个目标，要克服许多困难，甚至是开展斗争，这是必然的；挫折具有广泛的普遍性，从某种意义上来说，只要有工作，生活就有挫折相伴相随；挫折具有双重性，这就是说挫折固然能使人变得聪明起来，一般来说，同一个性质的挫折，一个人不可能一生中连续遇到，积累了经验，磨炼了意志，增强了对逆境的耐受能力，催人奋进。当个体感受到挫折感之后再进行客观和主观的归因，如果是客观上找不到原因，那主观归因方面应劝其降低期望值标准，调整抱负水平。当个体把本来不合实际的抱负水平降到了合适的档次上，产生了顿悟，挫折感也就没有了。

（湖南工业大学　陈　鹏）

3. 走进生命的森林

案例描述

来访者：陈老师，你好。我最近好烦，总觉得自己不如别人，做事也是没自信。觉得自己什么都不如别人，我还不知道毕业能做什么，更不知道该做什么。我现在是个成教院的大专学生。

心理师：这位同学你好，你不自信，可能是因为以前缺少成功的体验，也可能是最近遇到了什么挫折，如果有什么烦心的事，可以说出来。

来访者：是啊，我高中本来是成绩非常好的，可是因为没有好好把握，结果连个专科学校都没考到，2005 年到现在只要我一看到高考的字眼，心里都有种不舒服、很郁闷的感觉。现在很后悔，而且我上了成教后，到现在也一无学成的，现在不知道自己是什么感觉，对自己的未来很迷茫。而且我还看到每个人做事都很假，不管他们做什么，我感觉他们是打着为别人着想的幌子，其实是为自己谋利的那种，觉得他们很自私。对，我也可能很自私。就是摆不正心态，而且对自己将要进入社会，即将处理人与人之间的关系，有点手足无措。

心理师：你的问题是你因为一次失误而没能及时化解而导致的怨恨，怨恨一切，这是一种不正常的心态。

来访者：哦，那我该怎么调整呢？真的麻烦您了。

心理师：我觉得你目前最要紧的是：反思过去的失误，敢于面对现实，也就是承认自己以前的失败，不要找什么借口与理由，更不能责怪别人，如父母、学校、老师什么的，承认自己走了弯路，并且总结出原因，这样以后就可以少走弯路。你是不是有点追求完美？

来访者：是啊，我好像是有点，太想把事情做完美，可就是做不好。

心理师：人一生下来，就是在摔跤中学会走路的，人也是在不断地犯错误中成长（正确）起来的。你看不到别人的弯路，所以就以为自己的弯路最亏，以为自己最痛苦。

来访者：是的，我总觉得自己走的路很亏，总觉得我比别人应该要好很多，有点看不起身边的每个人。心里总想着如果我以前好好学，现在也不至于是这样。

心理师：你的话里有“总是”和“应该”的字眼，这是一种极端思维：人输一次，不等于永远输下去；另外，这个世界上根本就没有什么“应该”的事，只有自己愿意不愿意去做的事。

来访者：你的意思是不是完美最多只是我们的方向，其实是很难到达的？

心理师：你觉得呢？有个广告语叫：没有最好，只有更好！

来访者：是啊，也许是我太幼稚，还是什么其他原因？

心理师：幼稚也好，单纯也罢，总之经历得太少，把一片树叶当成生命的森林了。

来访者：把一片树叶当成生命的森林，真的，这有点像我，总以为自己长大了，其实自己还有好多事没经历过。

心理师：然后就对着那片枯黄的树叶，哀叹不止，怨天尤人，却没想到，只要一抬头，前面却是一片绿意葱茏的树林……

来访者：嗯，这个比喻让我明白了好多道理。

心理师：一个人是不是长大了，要看他是不是能面对现实，而不是生活在幻想之中。因为错过太阳就哭个不停的人，还会错过月亮。

来访者：嗯，说得好。有时候自己就想把自己喝醉，或者抽烟，让自己麻醉。就是想让自己不清醒，想逃避什么的，可是越喝却越清醒。

心理师：这种折腾，恰恰是幼稚心理的表现。真正成熟的人是不会这么做的，他会总结教训，朝前看，他没有时间哭泣，更不会做那些摧残身体、毒害心灵的事情，你说呢?

来访者：嗯，谢谢陈老师，今天和你聊天，我找回了一些以前都不知道的东西。

心理师：我还有事，最后给你几点建议。一是要珍惜目前在成教院的学习机会，不要贬低自己的选择，那样只会将自己沉入沼泽。二是要尊重你周围所有的人。每个人身上都有值得你学习的东西，一个能将身边所有人的优点学到手的人，一定非常可怕，厉害得可怕。三是，任何时候，都不要对自己失去信心。此外，要注意在行动中思考，而不要在幻想中成功。任何人的成功都是干出来的，不是喊出来的。

来访者：谢谢陈老师，和你聊天，让我懂得了真正的自我。

（安徽省合肥市有张有弛心理咨询中心　陈纪纲）

4. 要学会分解人生目标

来访者自述

陈老师你好，我是××学院（某民办学院）的学生，以前听过你的讲座。我现在有些问题想不明白，想请你指点一下！

我是一个来自农村的孩子，我的家庭非常贫困，不幸的是我从小就没有了母亲！小时候不懂事不觉得什么，长大了才明白自己少了点什么。可我没有像其他贫困的孩子一样很努力地学习，我没能考上高中，后来在家乡上了一所职高。2005 年毕业后，我被分到一个工厂里上班，可我感觉到没文化的痛苦，做的事情比别人辛苦，拿的钱却远远比不上别人的零头。我很不甘心，觉得要想出人头地，就必须有一技之长，还要有文凭。

所以，我辞掉了工作，决定来上学。可学费好贵，总共要 2 万，加上生活费估计要好几万。这也许对经济好点的家庭来说并不是太大的困难，可对我家来说简直是天文数字。看着爸爸为我的学费第一次去求人，一家接一家，一个亲戚接一个亲戚，原本很亲近的亲戚，那时候都露出了本来的面目。看着父亲回到家一根接一根地抽着烟，我一个人躲在房间里哭了！那是我第一次不由自主地流眼泪！我那时候真的不想上了，不想再让父亲为我操心了，可父亲最终还是借到了钱。来到××，坐到久违了的课桌前，我感动了。

我觉得这是最后一次改变我命运的机会，同样也是改变我家人命运的机会，我发誓要好好学。开始我学得还不错，可越到后来越感觉有点吃力了。虽然自己做的东西在班上还可以，可要看那些网上的软件高手做的作品，我就感到绝望了。我发现自己天天活得好累！活得好辛苦！我知道，如果学不好，对我来说意味着什么——我将伤害家人的心，让他们最后一点希望都变成失望，意味着我将遭到亲戚邻居们的嘲笑和讽刺！

我以前是属于那种还算外向的人，可现在我发现我变得好内向！不愿意和别人交流！自从来到××学院，我就发现自己未曾真正开心过，睡觉闭上眼睛都是烦恼！每天躺在床上一两个小时都睡不着！我想好好学，让自己的技能更上一个层次！可我有时候却静不下心来！我感觉要这样到毕业的话，我总会有一天会窒息的！

我现在一无所有，可我有两样最宝贵的东西，一是家人的爱，二是上进的心！我真的好累，老师请你告诉我，我该怎么办？

心理师分析

这位同学你好，看到你的信息，我很感动，你能在困境中追求崛起，说明你有一颗自强不息的心灵，同时，我也为你有一个好父亲而感动。你曾经没有珍惜拥有的学习机会，后来明白了，有了上进的想法，这也是对人生的一种觉悟，是一件好事。

但任何事情都有正反两面。你现在将家人的爱与上进的心打造成了一副沉重的枷锁套在了自己的头上，它让你焦虑，让你失眠，让你孤独，让你痛苦。如果不能改变这种局面，你很可能在负重前行中倒下，而你的人生目标还在很远很远的地方！

你现在的问题，突出地表现在你太想成功了，而且马上就要看到成功，这种急于求成的心态不利于你下一步的发展！心理学研究也发现，当一个人的成就动机过强时，成功的概率反而会下降。你说你现在除了家人的爱和上进的心以外，就一无所有了，我不赞成你的话。你已经有了很大的进步，但你自己不满意，因为你错把长远的目标当成了现在的目标。

你进入大学后，肯定学到了不少东西，但这些知识与技能，只是提供了你将来发展的一个基础，过硬的技术与才能，必须要等到将来走上社会后，在实践中反复练习，不断总结提高，方可达到一定的境界。你现在所看到的那些高手的作品，也是他们在职场上打拼出来的结果，你可以向他们学习，但他们现在的成就，只是你将来的目标，你千万不能把将来的目标当成你现在的标准，否则只会自增烦恼。人活着都不容易，并不是你一个人在受苦，何必还要给自己加上不必要的心理负担呢？任何学校，都只能给学生提供一个起点，而人的价值不是表现在起点，而是落实在终点，而到达终点的路，是要靠自己一步一步来走的。把一百步的重担加在一步的头上，人就会被压垮。所以说，人生不能没有追求，但不能用心中的目标来代替你眼下的脚步。俗话说，一口吃不成个胖子，就是这个道理。

建议你学习一些职业规划的知识，特别是要学会如何达到自己的人生目标。为了帮助你理解这一点，我给你说一个故事。

1984年，在东京国际马拉松邀请赛中，名不见经传的山田本一出人意料地夺得了冠军。当时的舆论普遍认为，他只是一个拣了便宜的幸运儿。可是，山田本一在回答记者的提问时，却明确地说："我是依靠自己的智慧取胜的！"许多人以为他在说大话。没想到的是，两年后，在意大利米兰，山田本一又一次夺冠。不怀好意的记者仍然问他取胜的原因，他还是那句话："我是依靠自己的智慧取胜的！"这次记者可不敢怀疑了，他便请山田本一具体介绍他的"智慧"。原来，山田本一每次比赛前，都要事先乘车察看线路，将沿途的醒目标志画下来，直到终点。比赛的时候，他心中只想着下一个醒目的标志，并且朝着那个醒目的标志跑去，这样的任务是很容易完成的；等到达一个目标之后，他再朝着下一个目标努力，就这样一直跑到终点。他的解释，让人不得不佩服他的"智慧"。

这个故事说明了什么呢？一个成功的追求者，心中当然要有梦想的"终点"，但在追求梦想的过程中，他的眼睛只能盯着离得最近的一个目标，并努力实现这个目标。如果从一开始就想着终点，那么一路上的坚持就成了一种难以忍受的痛苦。希望你在努力学习、提高能力的同时，也要提升自己学习的方法，调整自己急于求成的心态，学会分解大目标，再走好眼下的每一步路，相信你将来一定会成功的！

我的意见仅供你参考，祝开心过好每一天！

（安徽省合肥市有张有弛心理咨询中心　陈纪纲）

5. 自卑者的新生

案例描述

女，24岁，出生于湖南一个偏僻的小山村。该生家庭情况非常特殊，除了三姐弟外，年迈的爷爷同时还抚养了舅舅的两个遗孤。而母亲患有间歇性精神病，不仅丧失了劳动能力，每年还需要在治疗上花费不少的费用。而整个家庭就靠父亲那微薄的收入支撑着。

该生有很强的自尊心和自卑感，起初她除了跟我谈一些学习上或心理上的困惑外，从来没有提起过家里的情况，每次问起，她也总是避而不答。通过与家长的沟通和长时间与学生的交流，该生终于毫无保留地把一些情况详细地告诉了老师，她还患有肾炎、贫血及先天性的生理疾病。这一连串的打击让她变得迷惘，看不到自己的未来。

在大一的学习中，由于没有任何的计算机基础，该生的计算机过级考试没能顺利通过，同时期末考试的"心理健康"课程也因为一些客观原因而没有及格。面对这样不甚理想的成绩，她的情绪变得非常低落，不仅扔了自己的课本，还萌生了退学的念头。

心理师分析

该生心理问题的形成可以说主要来自这两方面：家庭经济状况和学习压力。经济上的压力导致了自卑心理、过强的自尊心、学习上无形的压力的形成。

（1）自卑心理

自卑是高校贫困生突出的心理问题。高校贫困生大都来自边远贫困地区，家境贫寒，在中小学时代他们发现自己所接收的信息与所知的事物皆与城市生源的学生有较大差距，觉得自己低人一等，形成了自卑心理。当他们踏入大学校门后，当前高校学生两极分化严重、贫富差距悬殊的现实与高校学生中普遍存在的超前消费和攀比心理，更加剧了他们自卑心理的形成。

（2）过强的自尊心

有自尊心当然是好事，但如果自尊感过强容易产生心理障碍。自卑心和自尊感是贫困生的一对心理矛盾，而且往往是自尊感越强，自卑心就越强。贫困生虽然大都家境贫寒，但他们好胜、好强、不甘落后，被尊重满足与否所引起的情感反应十分强烈，对社会和他人对自己的态度相当敏感，老师同学一句不经意的话和平常的举动都可能引起他们的注意，使他们感到压力。

（3）无形的压力

贫困学生一般都勤奋好学，求知心切。该生也不例外。用她的话说："自己在校学习，要对得起父亲的血汗钱，对得住自己的良心，要学点真本领。"由于懂得生活的艰辛，所以她非常珍惜现有的学习机会，学习的积极性较高，但是由于急于求成，该生恨不得一下子就把大学的课程全部学完。这样急功近利的心理，在学习上是很容易受挫的。

措施及主要成效

（1）经济上给予其相应的帮助

高校贫困生的很大一部分心理问题是由于物质上的贫困造成的，因此，物质上的资助有助于解决贫困生的心理问题。学校也建立了较为完善的以奖、贷、助、勤等为主的助学体系，除了给陈同学提供了相应的困难补助，还帮助她申请了一个助学岗位。这样不仅让她获得了生活上的补助，体验了自食其力的满足感，更塑造了她自立的人格。

（2）帮助其消除自卑感

这种自卑感在陈同学身上也非常明显，由于自身普通话不够标准，怕同学笑话，也就一直缺乏与班上同学交流的勇气，以至于在一个月的军训时间里班上很多同学都不知道她叫什么名字，都管她叫“小妹”。其实“小妹”一词本身并没有贬义，但对于本身有强烈自卑感的她来说，社会和他人的态度都相当的敏感，老师和同学一句不经意的话和举动都可能引起她的注意，也更容易伤害她的自尊。所以，和陈同学进行情感上的交流成了帮教老师每个星期的必修课，在交心的过程中，不断地鼓励她积极参加集体活动，与同学建立友谊，不要把与同学交往当成一种负担，不要用一堵无形的墙自我隔离，并鼓励她积极参加班干部的竞选，一方面可以锻炼自己，另一方面也能加强和同学的沟通。同时我找到了当时他们班几个主要负责的班干部商讨帮助陈同学的方法，在平时的学习和生活中也尽可能多地给予其帮助。在陈同学竞选班级生活委员时，全班同学以全票通过并以热烈的掌声祝贺她。这时，大家看到了她的脸上自信的微笑。

（3）做学生忠实的朋友，经常了解学生的思想动态并及时地沟通解决

学生在受到挫折后，往往情绪的波动较大，而且他们都不会随意将这些挫折示人，即使是对自己的亲密室友，也会有所保留。所以当陈同学来找我倾诉时，我就是她忠实的听众，帮助她放松积压在心中的苦痛，并及时地发现问题，采取相应的措施，多沟通，多开导，告诉她“在成长的过程中，出现这样或那样的挫折是难免的，问题在于我们如何去看待挫折，只有拥有良好的心态，鼓起勇气，走出阴影，战胜挫折，你就会拥抱这雨后最美丽的彩虹！”

（4）发现学生的长处，让学生感受成功的喜悦

一个偶然的机会，我知道陈同学闲时喜欢把自己的一些感想写下来，于是我鼓励她将自己写的随感整理成文章，投到校刊或报纸上。经过几次的投递，陈同学在学校的杂志上发表了几篇文章。在同学们羡慕和赞扬声中，她又重拾久违的自信。

（5）采取“帮带”措施，帮助学生提高学习成绩

针对陈同学计算机基础差的弱点，老师特别为她安排班上成绩较为突出的同学，对其进行“一对一”的帮助，除了课间空闲时间外，还利用周末对她进行专业的辅导，在同学的帮助和自身的努力下，陈同学现在已过了国家一级，名次也由原来的第 27 名上升到第 6 名。

2006 年的寒暑假，她通过自己的努力，在深圳一家工厂打工，赚取了大三一年的学费，虽然工作比较累，但是她做得很开心。她给老师发过这样一条短信：“老师，你知道吗？虽然生活遭遇了很多不幸，但我一直都在给自己暗

暗鼓劲，因为在我的身边一直都有很好的老师和朋友在帮助我、关心我！感谢您，是您帮我走出了阴影，战胜了挫折，我一定会拥抱雨后最美丽的彩虹的！”

（湖南省长沙民政技术学院心理咨询中心　邹志超）

6. 不合理信念是怎么回事

来访者自述

您常说，心理健康的关键就是自己要有一个正确的认知，有一个合理的信念，难道亚健康的人都存在着不合理的信念吗？不合理信念又是哪一些呢？

心理师分析

对于这个问题，我把艾利斯提出的不合理信念介绍给你，供你参考，然后发表一下自己的个人见解。

（1）人应该得到生活中所有人的喜爱和赞许

有些人持这种观点，认为在自己所处的空间，周围所有的人都应该讲自己好，处处听到的应该是褒扬之词，时时看到的应是人家灿烂的笑脸。只要听到对自己稍有不利的话语，受到刺激后便不安，产生情绪困扰，这是一种不合理的信念。

（2）有作为的人应该各方面都比别人强

一个人应该力争上进，你追我赶。我们要看到，世界上所有的事物几乎都是参差不齐的，正因为这样才能形成错综复杂、千姿百态的社会。一个人努力地充实自己，希望自己能干、比别人强，这无可非议，人与人之间是有竞争的，只有竞争才能推动社会的发展和进步。看到别人进步了，比自己强，应该为对方高兴和喝彩。认为自己处处、时时都比别人强，这是一种不合理的信念。

（3）任何事情都要按自己的意愿发展，否则就心情不好

天地之间万事万物都有自己运行的客观规律，不管是谁，愿望与现实之间往往是有差距的。当一个人受到挫折，或者某些愿望落空时，心情不好，这是可以理解的。谁都一样，当遇到挫折或不顺心时，摩拳擦掌、斗志昂扬也是不可能的。我们所处的态度是，瞬间的心情不好之后马上要领悟过来，烦恼并不会使事情变好，应该想办法改变现状、改变现实，如果暂时不可能马上改变现实，也只能暂时地去适应一下现实，再等待机会，再次运筹帷幄，争取在下一阶段或其他领域中完成“自我实现”。

（4）一个人应该担心随时可能发生的祸灾

我们知道，每年都有各种自然灾害袭击着我们，给我们造成损失。聪明人知道，自然灾害只能尽早避免，把损失降到最低。在灾难到来之前，没有必要去过分地“杞人忧天”。这才是理性的观念，这才是健康的心理。

（5）个人情绪由外界控制，自己无能为力

情绪不是由事件所引起的，是由自己的观念所致。“人非为事所扰，乃为其观而自扰之。”意思是说，一个人的不良情绪并不是某个事物引起，心态不佳和情绪不满恰恰是自己的某些观点和看法所引起的。只要改变了看法，其情

绪就会随之改变，情绪是由外界控制的观点是一种不合理的观念。

除了以上不合理的信念以外，还有“自己身上已经相对稳定的东西是无法改变的”，“对不好的人应该给予严厉的惩罚和制裁”，“要有一个比自己强的人作为坚强的后盾才行”，“遇到困难与要承当的责任时才去逃避要比认真去面对容易多了”。在生活中，如果克服了以上不合理信念，可能心理危机要减少许多。

我在中央教科所开会时，全国知名心理学家济济一堂，研讨大学生心理健康的方方面面，博士生导师郑日昌教授认为，艾利斯提出的不合理信念有 11 种，这只是根据当时他个人工作的经验而提出来的，时代在发展，社会在进步，不合理信念可能不止 11 种了，况且，我们中国属于东方文化维度系列，而艾利斯突出的不合理信念是站在西方文化维度系列的观点上，不可能将人们不合理信念去进行量化，因为什么事情都是相对的，不是绝对的，这一点我们要从辩证唯物主义的立场上去认知。

特别要告诉你的是，一个人的不良情绪和心境不佳、对前途失去信心等均来自于本人的不合理信念，如果还要进一步弄清这个问题欢迎下次再来咨询，因为一个问题不能一次二次就能全部弄懂，这需要一个过程。“冰冻三尺，非一日之寒。”

（湖南工业大学　陈　鹏）

7. 我发现自己正在走向孤独

来访者自述

进了大学以后，我发现自己不比中学时代快乐，正在走向孤独，当周围的女孩子大谈化妆、打扮、各种娱乐活动时，我却插不上嘴，于是自感有“凉拌”之味道，这可能是与我出身“布衣”有关，也可能与性格内向有关吧。朋友集会邀我我也不去，总怕扫了别人的兴。怎样才能和各阶层、各种性格的人相处呢？请你告诉我一个良方好吗？

心理师分析

你的问题有一定的代表性。一般来说，大学生应该性格开朗、充满活力有朝气，因为躲过了中学那段令人难受的拼搏日子，独木桥总算是挤过来了，大学不管哪个方面都要比中学好，你却反而出现不合群、走向孤独，这可能是另有原因吧！

孤独实际上就是一种“无助感”，是一个人的思维与行为得不到周围环境和人群的响应与帮助，内心感到的一种痛苦体验。当遇到这种痛苦体验时可以采用以下策略：

（1）对自己说：“我要再仔细地想想自己的感觉。”

（2）这种感觉并不是我一个人，我可能是一个“冷水炉”，可能找到能源后就能变成“热火炉”。

（3）积极地甩掉自己受命运摆布的想法，要记住这样的话："我是自己命运真正的主人，我是我自己的灵魂真正的统帅。"

至于性格内向一点，对于女孩来说不是什么坏事儿，多交几个朋友一起去玩一玩、乐一乐、开开心、交流交流，这是很好的。但如果不合群，不想去从众也可以，人都有自己的自由。口才好并不一定要喜欢说话，有时喜欢多说也不见得管用，说多了反倒没人听。人人都有个性，个人的价值也在于自己的独特性，不见得个性内向就一定走向孤独。

怎样才能和各阶层、各种性格的人很好地相处而又不至于失落，这需要能充分地理解那些人。其实，每一个人都是有特点、有个性的，人生常常身不由己，只要自然坦率地生活着就行了，能够顺利完成学业就是胜利，很可能你的那份孤独感会自然消失了。

（广西警官高等专科学校　韦志兆）

8. 不想当哥哥的哥哥

案例描述

这是一个四口之家，父母都是普通职员，两个双胞胎儿子，正上初中三年级。

这一家子走进咨询室里，本来还算宽敞的房间立刻显得狭小起来——两个儿子又高又壮。当请他们自我介绍时，咨询师糊涂了：两个一模一样的男孩都声称对方才是哥哥！

大家都入座时，其中一个男孩晃来晃去东瞧瞧西看看就是不肯坐下来。

此时，咨询师心里面大约有了计划。

咨询师首先以轻松的语气调侃道，有医学证明，先出生的那个是弟弟，紧随其后的才是真正的哥哥。所以啊，到底谁是哥哥，还真不一定呢。一句话逗得大家都笑起来，哥哥也寻了个最角落的位置坐了下来。

母亲首先介绍情况。两个孩子模样一样性格却迥异：哥哥随性，不会想太多，喜欢由着性子来，学习成绩不好；弟弟谨慎、敏感，学习成绩优秀，一直都是班干部。求询原因是哥哥在学校上课讲话，顶撞老师，不服管教，还和老师起肢体冲突，且沉迷网络游戏，会偷拿父母的钱买游戏点卡。学校给过处分，老师劝家长转学。上小学时曾被上海市精神卫生中心诊断为“多动症”。两个孩子基本上是父母自己照料，只是上幼儿园时和爷爷奶奶一起住。孩子们和母亲较亲近，但现在也不大愿意交流了。

接下来，咨询师还了解到，兄弟俩在家时常会有冲突，两人各有各的倾向，各有各的好友。争执激烈时，母亲会过来调停。母亲对此较为担心，认为两人应该相亲相爱一致对外的，而孩子们并不认为这种分歧有什么不妥。

哥哥总觉得母亲偏心，生气时会对母亲说：你就是觉得他比我好！

对于哥哥的问题，父亲觉得网络是虚幻的东西，而且是无底洞，另外也担心孩子会结交不良朋友。母亲则担心这是品行问题，以后怎么得了。

父母的应对模式：苦口婆心地讲道理，不管用就打，现在是连打也不管用了。

哥哥从小到大学习成绩一直在后几名徘徊，各项能力也不如弟弟。无论在亲朋好友口中，还是学校老师眼里，都是弟弟的反衬。然而在内心深处，他是极其渴望得到别人的关注和认可的，他也想成为弟弟那样的人，所以下意识里他会否认自己是哥哥。平时他会很敏感父母的一言一行，偷偷地在心里比较他们更在意谁。

自始至终，哥哥一直生活在与弟弟的比较中，有时并不是自己想要比，而是别人自然而然就把他们放到一处：相同出生，相同长相，相同学校，相同班级。也许兄弟俩还是别的父母教育自己孩子的典型教材：一个如此优秀，而另一个却完全相反。

也许哥哥也尝试努力过，但最终发现，无论如何都超不过优秀的弟弟。

于是，他放弃了，转而寻求另一种方式。

而父母显然并没有找到适合孩子的教育方法，他们与孩子之间的沟通明显不顺畅。对于父母的担忧，孩子是第一次听说；而孩子的想法也不敢告诉父母，因为他们不会同意。当孩子犯错时，父母忧心忡忡，痛心疾首，恨不得十八般武艺全用上，却唯独没有告诉孩子：无论怎样你都是我的孩子，我都一样爱你。

其实，每个孩子在他心灵深处都渴望着父母的关注。即便是负面的关注，也比没有关注来得要好。

整个咨询采用家庭治疗的方式，主要使用循环提问、奇迹问题等干预手段。让父母意识到，是什么阻止孩子和他们交流、讲真话？孩子真正需要的是什么？应该给他们怎样的帮助？让孩子意识到，自己想要的到底是什么？怎么做才能真正得到自己想要的？

咨询结束时，父亲若有所思，深受启发；焦虑的母亲如释重负，一下子轻松起来；不安的哥哥终于露出了灿烂的笑容，快乐地对咨询师说再见；不相信奇迹的弟弟将信将疑，一颗希望的种子已经种在了他的心田。

（上海市云间漫步心理咨询中心　赵东霞）

9. 女大学生怎样培养自己独特的气质

来访者自述

听了您关于女大学生个性的课以后，我知道了个性中气质、性格与能力是很重要的，我看气质与女性的关系最为密切，尤其在社会交往中女大学生的气质特征是社交成败的一个重要因素。我们怎样从现在起就塑造出知识型的女性气质形象，请给予指导。

心理师分析

在传统心理学中，气质是个性的一部分，个性心理品质由性格、气质、能力三大块组成，这是先贤们提出来的，沿用至今。最近国内学者提出气质是性格的一部分。传统心理学认为：性格基本上是后天习得的产物，而气质绝大部分是先天遗传的结果。性格既有内部表现形式也有外部表现形式，而气质基本上是外部的一种动态特征或特点。从理论上讲，要习得一种自己创立的气质特征是很难的，这不是舞台艺术，想怎么表演就怎么表演。不管是气质也好，还是性格也罢，它们每时每刻都充斥着自己的生活、家庭关系、社会交际和行为。一个人在工作、商务、政治、社交活动的失败与成功，性格与气质起着举足轻重的作用。

你已知道气质是个性中一项重要的心理特征，在大学校园中，有些女大学生很注重自己的打扮，并不注意或者说还没有发现自己的气质是否合乎美的标准，合乎社会的规范。我们要承认一个事实：美的容貌、天生的丽质、和谐得体的服饰、化妆打扮等，确实能给人以美感，这种美给人的第一印象是深刻的，但很短，如同天上之行云，飘然即逝。而人的气质所带来的风采却是永存的，能给人以长久的美好印象，甚至成为使别人记住你的一种依据和载体，而且气质给人造成的影响力不受年龄、服饰的约束，是生命活动过程中的感性升华。

对于一个现代女大学生而言，要培养自己独特的气质特征不仅体现出自己的自我价值，也可反映出你的个性，使你从众多的女性中突显出来，给人一个内外统一的美感，使人感觉到旺盛的生活热情、浓郁的时代气息，有助于在未来的人生中，战胜困难。

气质不是一朝一夕形成的，主要是受社会和家庭环境的影响、教育的熏陶以及在长期的社会生活实践中所形成的。一个人典型的气质能让人过目不忘，能准确地体现着自己内在的魅力和外在的美丽。相貌、姿态、风度，这些主要来源于人的自信心和自尊心，有了自尊与自信，自然就有了充满乐观和进取的信念，自然体现在一种能力上，开拓进取，征服一个又一个困难，达到既定的目标，对自己的学习和生活充满信心和勇气。从现在起要力求做到：

（1）提高自己的心理健康水平，及时倾倒心中的垃圾。充分地了解自己，尽自己的能力、水平作适当的评估，既不高估也不低估；生活和前途的目标切合实际；能容纳自己所处的客观环境并良好地适应；保持良好的人际关系；情绪表达与控制适当；个人能强烈地体会到自己需要的暂时满足和对未来需要的强烈渴望。

（2）提高文化素质修养，女大学生道理懂得越多，知识就越丰富，谈吐就越觉优美，自然地露出一种与众不同的气质美感。

（3）具有整洁美感，对某事有一种追求，在追求的过程中会自然地呈现出一种气质美。

还可以举出一些来，因时间有限，这次就讲这么多。

（广西财经学院心理咨询中心　李星华）

10. 出现动机冲突时怎么办

来访者自述

这次竞选校级学生会副主席失败了，我感到很郁闷，原来我还想外语过六级，计算机过二级，奖学金至少是二等以上，还要找一个称心如意的女朋友……以上这些目标，眼看只达到一半，感到特别不是滋味，烦得很。请您帮忙找出原因，想办法，怎么样快乐起来？谢谢老师。

心理师分析

你提的问题在心理学上称之为心理动机冲突的一个方面，是多重趋向冲突，就是在生活学习过程中同时具备多个目标，每一个目标都很重要，每一种需要都想得到满足。当然，一个人的时间与精力有限，同时完成几个目标难度非常大。这种矛盾心理状态称为“多重趋向冲突”，解决的办法是找出一个最主要的需要，努力去完成或实现这个，再去解决其余需要，一个短暂时期内完成一个目标后有成就感，有内心的喜悦。如果你把自己的目标调整好了，心中的烦恼自然会销声匿迹。

动机是激励人们去进行某种活动的内部动因或动力，它是一个人发动、维持或者抑制某种活动的心理倾向。动机产生了就可能有行为出现，动机的性质决定了人的行为性质，制约着人的行为的方向、方式、力量与效率。

动机按好坏来分有正确性动机和错误性动机。一般来说，正确性动机可以调动人的积极性，错误性动机会使人意志消沉，甚至误入歧途。

动机按时间来分可分为长远的、短期的动机。长远的动机来自于对祖国的对人民的对民族的高度认识和崇高的责任感与义务感；短期动机往往来源于对某事物直接感兴趣或直接满足自己生存以及性饥渴等低层次的需要，需要产生动机，动机再转化成为行为。

一个人如果有长久的动机时，一般比较稳定，不受偶然情境的变化而改变；如果是短暂性的动机，很容易受环境和情绪的影响。

（湖南工业大学　陈　鹏）

11. “爱生气”变成了“常开心”

案例描述

小×，女，16 岁，我校高一年级普通班学生，成绩中等。班主任反映她心眼小，爱生气，常为一点小事哭鼻子。

来访者自述

心情总是不好，觉得自己很倒霉，不知道为什么别人总是喜欢和我对着干。就说上个星期天吧，我本来计划好下午到班里把没有做完的作业补齐，可有几个同学就是那么不自觉地在教室里小声聊天。我对她们说，我作业还没写完呢，你们出去聊吧。可是，她们好像偏偏要跟我作对似的，竟然不管不顾地换到在教室后角说起来没完。我本想静下心来，结果却怎么也写不下去了，气得我跑到操场大哭一回，以前的种种不顺又被想起，结果越哭越伤心，一下午一个字也没写，作业没完成，挨了老师一顿狠批。我觉得委屈极了。我不明白我的心情为什么总是被别人破坏。

心理师分析

小×的问题主要应归因于消极的思维和行为方式上。她总是认为“别人是和我对着干的”，戴着这种有色眼镜，别人的行为都会对她造成影响，变成她的“麻烦”。而当她有了“麻烦”之后，并不能以一种积极乐观的态度来解决，也不善于向他人求助，而老是采取一些消极被动的方式如哭、闹或任其发展作为对策。这样，由于许许多多的小麻烦没有得到及时妥善解决，结果产生了比较大的和长远的消极影响。久而久之，在她的思想中就形成了这样一种定势：一遇上问题，不是采取消极的反应方式如发脾气、生闷气等，就是只注意其消极的一面并对其加以夸大。如此就使得生气成为较为固定的遇到麻烦时的反应方式。

也就是说，影响她的并非事件本身，而是她自身的认知模式和行为方式。所以通过改变小×身上存在的非理性观念，建立积极的思维方式，学会用积极恰当的行为反应方式去解决问题，就可以解除小×的困扰。

合理情绪疗法的创始人艾利斯认为：一个人的情绪困扰并非由诱发事件本身所决定，而是由这个人对诱发事件所持的想法、解释和评价所决定的。每个人的信念体系中都有理性的信念和非理性的信念，理性信念会导致适应性行为，而非理性信念则是导致一个人情绪困扰、不适应行为的根源。因此，在咨询过程中帮助个体了解、去除或修正引起情绪困扰的非理性想法，并代之以理性想法，就可以解除当事人的情绪困扰，从而最终接受一种理性宽容的生活观，拥有快乐的生活。

咨询过程

第一次咨询：以倾听、引导为主，建立良好的咨访关系。

第一次咨询，小×一走进咨询室就开始了愤怒地“控诉”。我并没有急于打断她，而是耐心地倾听，积极地引导，对她所描述的处境表示理解。这样，一方面可以使小×充分宣泄，以平静情绪；一方面又可以更全面地了解、收集信息。通过将近一个小时的倾诉，小×愤怒的情绪平静了下来。这时，我讲了哭婆婆和笑婆婆的故事。

从前有个老婆婆，她有两个儿子。大儿子在外面卖草帽，小儿子在外面卖雨伞。老婆婆雨天的时候担心大儿子的草帽卖不出去，晴天的时候担心小儿子的雨伞卖不出去，整日愁眉不展，大家都叫她“哭婆婆”，两个儿子也不知如何是好。幸而遇到一位智者点拨：雨天好卖伞，你应该为小儿子高兴；晴天卖草帽，你应该为大儿子高兴啊。婆婆照这个人的话做，从此变成了一个笑婆婆。

通过这个故事引导小×：是什么让老婆婆整日愁眉不展？是什么让哭婆婆变成了笑婆婆？引出对事件的看法、思维方式才是导致最终情绪的真正原因。

在咨询结束时，留下问题让她思考：是同学说话的声音影响了你的学习还是你自己对声音的看法影响了你的学习？并约定第二次咨询的时间。

第二次咨询：以指导为主，协助小×具体分析问题产生的原因，并寻找对策。

在第一次咨询的基础上，介绍了艾利斯的ABC理论：A即诱发事件本身，B是对这件事情的看法、评价、观念，C是情绪、行为后果。由第一次咨询中哭婆婆的经历很容易明白，当事人对事件的评价才是引起情绪后果的根本原因。所以，扰乱你心绪，使你无法完成作业的并不是同学聊天发出的声音，而是你对于这件事的看法。所以恐怕只要意识到她们的存在，就会心烦意乱，更别说她们真的闹出什么响动来影响你了。完成了这个领悟过程后，引导小×理解由于老是采取一些消极被动的方式如哭、闹或任其发展作为对策，她的思想中就形成了这样一种定势：一遇上问题，不是采取消极的反应方式如发脾气、生闷气等，就是只注意其消极的一面并对其加以夸大。如此就使得生气成为较为固定的遇到麻烦时的反应方式。

要想解决情绪、行为问题，就要学会用一种新的、积极的态度去评价身边的人和事。抛弃以往的习惯性思维是一件很困难的事情，但要有足够的信心，因为习惯是可以改变的，我们常说“二十一天改变习惯”。建议她遇到“麻烦”后，可以问自己以下几个问题：

（1）真正让我生气的原因是什么，是事件本身还是我对事件的看法？

（2）我为什么会产生这样的想法？

（3）我有什么证据证明我的想法？

（4）即便真实情况就是如此又会怎样？我能不能找到解决的办法？

（5）如果让我生气是她们的本意，我为什么要这么听话？如果她们并没有这样的想法，我岂不是自寻烦恼？

（6）遇到这件事后，我是不是可以从积极的方面去想，可以怎样想？

在咨询室让小×就星期天事件进行这六个问题的练习。小×表示其实同学“转移”到教室后面小声交谈，自己坐在前面基本听不到声音的，原来是自己在和自己对着干呀！说到这儿，小×自己也忍不住笑了。

作业：尽量多地回忆并记下以前自己生气的情景，尝试着对每一个情景都回答以上六个问题，找出可以替换的积极的想法。

第三次咨询：重点练习建立积极理性的观念，学习解决问题的多种方式和技巧。

通过讨论小×的作业，寻找事件的积极面和解决问题的技巧、方法。选择其中两个场景，引导小×在头脑里重现当时的情景，想象得越逼真越好，在想象中尝试运用总结出的方法去解决当时的问题，以增强小×解决现实问题的信心。

结束时回顾整个咨询：影响我们生活的不是生活中发生的事件本身，而是我们对事件的看法。当我们用积极美好的眼光看世界时，世界就是美好的。所以只要我们养成积极的思维模式，善于开动脑筋想办法，凡事用积极乐观的态度来解决，用灵活巧妙的智慧去化解，我们的生活就会快乐很多。

经过三次连续的咨询，基本达到了咨询目标。之后，小×的问题有过一次反复，再次咨询后，情况基本稳定。班主任反映她人变得豁达了，情绪的稳定也使得她成绩有一定的提高。半年后，在校园里再次见到小×，她悄悄地告诉我："原来除了我自己，谁也不能让我生气啊！我啊，现在被大家叫作'常开心'呢！"

（河北省邢台市工业学校　马　红）

12. 让心灵充满自信的阳光

案例描述

贾某，男，15岁，初一年级学生。父亲43岁，初中毕业，外地个体经商；母亲42岁，初中毕业。6岁以前，贾某由母亲在家看管，没上过幼儿园，7岁上一年级，一至三年级学习还算用心，但有些力不从心。五六年级之交，常有违反纪律的事件发生，表现为上课小动作多，东张西望，注意力不集中，学习成绩很差。为提高学习成绩留级一年，成绩仍没什么改善。贾某情绪略显低落，逻辑思维清晰，思维状态有些偏激，存在认知偏差，情感表达自如一致，自控能力较差。

来访者自诉：喜欢父亲，因为每次回来都带来丰厚的礼物，很少过问学习，和父亲在一起感到快乐；但又惧怕父亲，发起火来，态度粗暴，就得饱尝皮肉之苦。讨厌母亲，因总唠叨我的学习，对我管得太严，双休日总让我参加各种特长班，听到老师告状，就动手打我，说我“不争气”，达不到妈妈的要求，感到学习有压力，不开心。

上课总想认真听讲，但不知怎么的不知不觉地说起话来。我曾下决心：刻苦学习，赶上队伍。但我基础差，上课听不懂，作业总出错，老师说我“笨”，同学嘲笑我“傻”，家长说我“不要强”，学习再努力也没用，他们总用鄙视的眼光看我。后来，我干脆不写作业，即使写也是胡乱写，不动脑子，我已经习惯了周围人的“白眼”。我很想和同学们在一起玩，可他们几乎都远离我，我很生气、烦恼。

辅导员观察：来访者自知力正常，对自己的情绪现状有一定的认识，心理过程协调一致；情绪低落，表现出烦躁、不安；眼睛下垂，没有自信。

科任老师反映：认为贾某上课注意力不集中，总搞小动作，有时和同学说话，干扰课堂教学，对老师的批评教育有抵触情绪。没有上进心，破罐破摔，要想把他教育好实在是一件很困难的事情。

同学反映：认为贾某学习太差，简直是个“弱智”。上课影响他人学习，很讨厌。一些同学不愿意和贾某玩，认为他习惯不好，怕自己受影响。

母亲反映：贾某的父亲长期在外做生意，只要回来就给孩子带来吃的玩的，最大限度地满足孩子的一切需求(包括不合理的)，用这种方式来补偿对孩子的关心和疼爱，对孩子出现的问题偶尔有过问，态度粗暴，孩子稍有进步，就开始金钱奖励，百般娇宠；母亲是贾某家庭教育的主要承担者和学校的联系者，对贾某关怀备至，百依百顺天天开着车接送贾某上下学。四年级发现贾某学习实在吃力，无心学习，经常违反纪律，学校多次请家长，感到自己丢了面子，非常生气和痛心，一气之下，采取了放弃的态度。

心理师分析

贾某也为自己的学习现状感到忧心，也曾经不止一次地努力改变现状，但无奈父母以及老师对自己的要求太高，而自己没有足够的能力达到目标，再加上母亲的失望、放弃，父亲的粗暴，老师的批评和同学的冷眼，使他不能获得来自家庭以及学校的支持，他的社会支持系统存在危机。虽然贾某有优越的物质生活条件，过着“衣来伸手，饭来张口”的日子，可是家庭中亲子关系的冷淡和学校中师生以及同伴关系的冷漠使他在心灵上感到了孤独：在家庭当中，缺少父母关爱，难以体验亲情温暖的爱的需要；在学校中难以融入集体；被尊重、被认可的需要也难以满足。

基本需要满足的缺失，使贾某心理严重失衡，由此带来了行为反映的偏差，如厌学、违纪等，更加重了环境对他的拒绝。贾某每一次努力，均以失败告终，恶性循环的结果使贾某丧失了自信心。

初步诊断：一般心理问题，基本属于环境造成的学习适应障碍，导致自信心的丧失。

根据以上的评估与诊断，同来访者协商，确定如下咨询目标：

具体目标与近期目标：缓解烦躁不安的情绪，改变其不合理观念，减少其上课注意力不集中的表现，改善当前人际关系。

最终目标和长期目标：使求助者正确看待自我，克服自卑心理，提高自信心及自我价值感，建立良好人际沟通模式，习得健康有效的人际交往技巧，增强社会适应能力。

咨询过程

第一阶段：首先咨询师利用言语和非言语行为对求助者充分表现了尊重、共情、积极关注等态度，与求助者建立了良好的咨询关系，形成了安全、信任的咨询氛围；然后通过摄入性谈话搜集了求助者大量的临床资料，并形成了初步诊断；在找出求助者最希望解决的问题的基础上，和求助者共同协商制定咨询目标。

第二阶段：利用疏导的方法，角色扮演的方法帮助贾某调整认知；和贾某母亲进行单独面谈。

通过疏导交谈和角色扮演，使贾某认识到虽然母亲“施压”“放任”的教育方式有些不妥，但可以理解母亲“恨铁不成钢”和“望子成龙”的急切心情，体验到母亲对自己的爱，体会到不应该讨厌和疏远母亲，有了不同意见要及时和母亲沟通交流。

反思寻找同学们不愿意和自己交朋友的原因后，认为归根结底是自己不良学习习惯造成的。通过角色扮演，理解了老师对自己批评教育的行为，认识到老师这样做也是为自己好，以后要尽量改正自己的不良行为，争取多和老师沟通交流。

和贾某的母亲交谈，使其认识到自己的教养方式不是很妥当，应该改变对贾某的教育态度，努力挖掘贾某身上存在的积极因素，以鼓励和表扬为主，以监督和管教为辅；对孩子的要求不要过高，应该将大目标分解成若干个小目标，鼓励孩子逐一实现；多主动地和贾某交流，理解孩子的想法，了解其近期的心理动态。

作业：找出自己的 5 个优点，每天早晚对着镜子大喊 10 遍。

第三阶段：咨询反馈：贾某反映最近在学校心情较好，基本未违反纪律，期中考试语文考了 70 分（平时考试都不及格），感到很高兴，眼中流露出自信的神情。但同学们仍不接受自己，怀疑自己的成绩不真实，数学学习成绩没有很大进步。

对贾某取得的进步表示肯定，并鼓励他要坚持下去。帮助他制订了切实可行的学习计划，并引导他正确对待别人的误解，教给其调节情绪的几种方法，以及人际交往的几种技巧。

咨询效果评估

贾某的心情愉快，未出现大波动，特别是数学课上有较好进展，得到教师的肯定。和同学关系有了很大程度的改善，被同学们推选为体育班长，这更加增强了他的自信心。在家庭中和母亲相处融洽，没有发生过抵触行为。他对自己的未来充满信心。

通过回访和跟踪，发现咨询已基本达到预期的目标：消除了贾某烦躁不安的情绪，改变了其不合理观念，减少了其上课注意力不集中的表现，改善了当前人际关系；使贾某能够正确看待自我，克服自卑心理，提高自信心及自我价值感。咨询过程较完整，有条理。

（河北省邢台市工业学校　李建红）

13. 行为是在需要与动机的基础上产生的

来访者自述

马上就要放暑假了，我想在这漫长的暑假中锻炼一下自己，骑自行车从湖南到北京，既作一次长途旅行，又想学点东西，洞悉社会，了解风土人情，为将来毕业之后走向社会作一点精神上的准备，还检验一下自己的体力与意志。自从头脑中冒出这个想法之后，又有点害怕：第一是怕家长不支持，第二怕个人受不了。每到一个地方都是住同学家里，有时也可以与同学一起结伴而行，这些家长不会反对吧？请教咨询一下，如果老师你有过这方面的体验或在某些具体方面能作一些指点，那就更好了！

心理师分析

你提的问题既有理论意义又有实践意义，我支持你去闯一下世界。

行为科学理论认为，一个人的各种各样的行为都是由个人内部的需要与外部的环境诱因的驱使下产生动机，动机再转化为成行为的。你的个人内心需要是想锻炼一下自己，检测一下自己的综合素质，为将来走向社会作铺垫，时间又选择在漫长的暑假之中，与学校的学习不矛盾，这很好。外部诱因可能是在电视里看到同龄人“重走长征路”以及其他一些活动后受其启发，然后转为行动动机，运行方式是骑自行车，自由灵活方便，自控性强，又不污染环境。

从湖南到北京，我没有骑自行车体验过这种生活，虽然我无数次在湖南与北京两地之间往返，但都是坐火车或者飞机，这方面没有直接的生活经验。自行车长驱旅行，要准备小巧的工具箱，里面放一些简单的工具，比方说钳子、润滑油、螺丝、打气筒、补胎工具什么的。一路上还要配一点防暑药物，比方说清凉油、清凉片、藿香正气水、十滴水之类。雨衣和太阳帽也不能少，其余就是生活必需品之类。我国从南到北，从东到西，国内交通规则都是一样的。还有要带几个笔记本，看到了什么，自己认为有意义的就要记下来，如果有时间、有兴趣也可以写日记。明代有一个人叫徐霞客，他一边游览祖国的河山，一边作记录，写下了著名的《徐霞客游记》。

当一个人对某事物特别感兴趣时，自己内心就会感到不安，意识领域就会发现到底是什么导致自己有如此不安的心绪，这时就会开始琢磨着用什么手段和方法来消除这种不安，这就是由需要向动机的转化阶段了。这种阶段如果意识还在加强，就会出现与满足某种需要有关的形象，当这种形象非常清晰时，就会指向行为并成为推动行为的一种心理驱动力量，这就是行为动机了，这个原理是你骑自行车旅行的理论基础。

无论是简单的行为还是复杂的行为，都是在需要的基础上，常常由一定的条件所引起。人的任何行为总是从一定的动机出发，并指向一定的目的，最后产生一定的效果。动机与效果一般是一致的。动机强烈，行为具体，效果自然会好；反过来，动机不强，那行为也迟缓、力度小，当然效果不理想，不能满足自己的根本需要。

祝你成功，下学期开学的时候咱们再畅叙详谈。

（湖南工业大学　陈　鹏）

14. 微笑的力量

来访者自述

我是一个内向的姑娘，今年上大三。不知道为什么我对人家笑不起来，尤其是让我主动先向别人微笑。我想对别人真正地笑起来，以求得更多的朋友，特别是明年就要毕业了，我认为这一点相当重要。

心理师分析

在社会生活中，真诚的、会心的微笑，它所传递的信息是：我很高兴见到你，我喜欢你！心理学家认为，如果你对他人微笑，对方也会回报一个微笑给你，但在这回报的背后有了更深一层的意义，那便是对方用微笑回答了你：你给他的友好、鼓励、奖赏或幸福。

笑表现在脸部的肌肉运动，全世界和中国文化中关于笑就有几十种提法，什么狞笑、傻笑、笑骂、笑面虎等贬义词，有微笑、笑纳、笑嘻嘻、笑料、笑星、笑逐颜开等褒义词和中性词，其实笑是一个人内心最直接的表白，笑还有以下的功能：

（1）一个微笑可以创造出许多意想不到的成果；

（2）微笑虽然产生于一刹那之间，它却给人留下永恒的记忆；

（3）没有哪个富人不需要微笑，也没有哪个穷人用不起它；

（4）微笑是大自然的最佳良药，是感情信息的密码，可医治各种“心病”；

（5）微笑是最昂贵的礼物，几乎无处可买，也无处可借，更无处可偷，只是藏匿于每一个人的心灵深处。

现实生活当中，没有人拒绝你对他的真诚和友好。一个简单的微笑，它可以使一个不认识的人与自己相识，使认识的人更加彼此熟悉，有时甚至可以化干戈为玉帛，化矛盾为理解。人是很容易被感动的，有时一个热情的问候、温馨的微笑，足足能给对方心灵洒下一片阳光，带来温暖，这样人家就会从心里真正地接纳你，这样良好的人际关系便会建立起来。你大胆地给人家投去微笑吧，一定会成功！

（湖南工业大学　陈　鹏）

15. 失意后破坏公共财物是病态心理吗

来访者自述

我是学工部的一名副部长，早几天学校检查卫生发现有一男生宿舍的门被砸烂，究其原因是某男生失意后造成的，结果辅导员又找这位男生谈了话，没有谈出什么名堂来，这位男生也讲不出一个什么道理来，其他同学更是面面相觑，谁也没有办法。心理老师有没有什么办法解释和解决这种违纪行为？

心理师分析

这是一种激情引发的冲动而造成的负面效果。因为感情用事，忘乎所以，在激情充满大脑时，抑制状态脑细胞产生一种极强的爆发力，一般比原有的力量要大 5 到 10 倍，当这种力产生以后可以产生正面和负面效应。

在情绪长期郁积在心头而无法排除的情况之下，冲动也可以发生怨恨，这时外界任何微不足道的刺激都容易成为引起爆发的导火索。在工作中还要注意有的学生平时与人发生矛盾所产生的隔阂无法消除时，或者某种需要长期得不到满足时也很容易因某件小事而大发雷霆甚至大动干戈，以释放日积月累的积怨和闷气、焦虑与紧张。

一般常形心理冲突控制不住时会有损物伤人的现象产生，有心理冲突的人感到紧张而无法使自己松弛，当自己做出反常行为后常常后悔，又重复着同一水平同一性质的错误，对未来没有什么信心，认识模糊，语言表述不清，只是露出凶相，使人不敢接近。其实有心理冲突的人内心很痛苦，自己又无法表达出来，遇到这样的人先要避免不受对方的伤害，让其冷静，最好送医院治疗，因为此类症状已不是心理疏导的范围了。医院除了药物治疗以外，还要采取一些其他诊治措施，这是专门专科医院所受理的对象，请予注意。

激情冲动往往造成严重的后果，国外有一个这样的案例。儿子要借父亲的汽车出去办一点自己的小事，父亲不同意，这时儿子发怒了，便跳到一台推土机上面，开足马力向前冲，结果铲平了人家几处平房，碰倒了电线杆，压垮了供水设施，开出一公里之后，大概怒气消了之后才把推土机停下。后来的结果是要负责全部损失的赔偿，父子俩这才明白闯下了大祸。

冲动还可以产生在无所事事、极度空虚无聊的时候，这时有的学生为了追求刺激，也有可能滋事生非，有意地冒犯周围的人和事物，这一现象在工作中也要警惕。

要消除这种冲动的方法有：

（1）用理智来调控。从表面上看，激情似乎很难用理智来控制，实际上是可以调控的，比如在与别人吵架或要动武之时，将自己的舌头在嘴巴里绕上三十圈，这样情绪就会自然地平复下来，也可以自我提醒，也可以在自己的墙壁上、课桌上贴一张“制怒”的小纸条，这种暗示作用也很大。

（2）脱离现场。当冲动克制不住时要赶快脱离现场，到空旷无人的地方去晒太阳、淋浴、高叫大喊，通过这些途径释放紧张而引发的激情，就不会产生负面效应。

（3）培养自己处事不惊、淡泊名利的美德，养成乐于接纳不同意见的习惯。只有这样，人在处于强烈的刺激下才不会蛮干和一意孤行。淡泊名利才会使自己不斤斤计较、患得患失，不会为一点鸡毛蒜皮的小事而不顾一切地贸然行动。

冲动多半是受挫折后的过激行为，所以平常要注意尽量不去刺伤别人的自尊心，使人少受挫折或不受挫折。这也是控制过激行为的一种好办法，在管理学中称为“前馈控制”。这个道理还要向辅导员和班主任讲，因为这对全局工作是有益的。

（湖南工业大学　陈　鹏）

二、适应是心理健康的重要标尺

16. 大学新生在适应方面应注重什么

来访者自述

我是大一新生，在中学就爱好心理学，听过许多这方面的讲座，也可以算是有一些基础吧。进入大学，我的第一门选修课就是大学生心理健康教育。听中学老师说，到了大学首先就要适应，因为大学有很多学习制度和生活习惯与中学不同。我想问老师，大学新生首先要适应什么，然后再适应什么，才能利于自己的发展和全面进步？

心理师分析

你是一个进取心很强的学生，在高校四年时间里一定会有所收获！适应良好是健康心理的一种表现。适应是个体的主观意识及身体各部分与客观环境保持相对平衡的一种生存机制。适应是在现实生活中维持一种良好的有效的生存状态和发展状态的过程。消极的适应有时会导致心理冲突或停滞不前。学会适应是每个人健康生活，获得发展机遇的前提和基础。

心理学家皮亚杰指出：智慧的本质就是适应。这与中国古人的“识时务者为俊杰”的道理是一样的。古往今来的大智慧家和成功家都是先适应后再发展的，“适者生存”，只有适应才能生存，要生存就必先适应。

适应的本质就是要心理适应，然后才能生理适应。目前社会人员流动性很大，工作有时也时常变动，常常要面对适应问题。一般来说青年人比老年人适应性强一些，女性比男性适应性也强一些，健康人比非健康人适应性强一些。

根据多年的工作实践以及心理咨询的经验，我认为大学新生的适应首先要注重三个方面，那就是环境适应、学习适应和人际关系适应，然后是其他方面的适应。

先谈环境。大学的特点就是“大”，不仅校园大，书籍多，同学和老师多，校园还有商店、超市、餐馆、小卖部、售货亭、邮局、银行、照相馆……仿佛就像一个“小社会”。一般高校规模都比较大，占地几十到几百公顷，往返图书馆、实验楼、公寓区等要车，有些同学干脆自己买了自行车。这种新奇又充满现代气息的生活环境与学习环境需要调试自我状态，最重要的是要学会独立，自己的事自己做，在规定的时间内有计划有步骤地完成自己生活上的事情，真正学会“当家做主”，自己做自己的主人。

接着便是学习上的适应。我们知道进入大学主要的任务是学习，然而学习上的不适应是大学新生感到最棘手的问题。中小学一般都有固定的教室，每一个学生都有一张固定的课桌，书和笔记本放在桌子里，方便极了。而大学呢，为了充分利用和发挥各种教学设备和教学资源，开发这些设备和资源的功效与潜力，不但没有固定的课桌，就连一个固定的教室也没有，上午到这栋楼的某某教室上课，下午却到那栋楼的某某教室听课，晚上又可能要步行几千米去听讲座等，感到很不方便。有些学生感到“烦”，引发焦虑心理。老师经常碰到这样的来访者，他们感到不适应。只要主动去调整心态就自然适应了。老师常用这种方法去进行类比，效果显著，一般有这种焦虑的学生只需一次心理治疗便可“痊愈”。中国地处北半球，绝大部分地区是四季分明，即使是东北和西北也是冬天和夏天交替，只有海南岛、广东、广西、云贵高原以及台湾南部数于亚热带地区(海南岛有三分之一是热带地区)。夏天热，冬天冷，人们自然会更换衣服和采取其他措施来适应这种气候的变化。这样年复一年地周而复始，人们也就习惯了，习惯成自然。进了大学，如果很快适应了大学环境，以后三年的时间也就习以为常了，自然适应了。还有学习方法不适当，专业不对口，科目与科目之间的不平衡，那要一个一个问题地“因材施治”，不能眉毛胡子一把抓。

人际关系不适应是大一新生的又一个难题。在中学，同学中间出现的人际关系问题，在家中一般由父母解决，在学校一般由老师解决。到了大学，接触的人多了，一所高等院校多达几万人，规模较小的专科学校也是成百上千人，老师与同学们的接触比中学明显少得多，自己要学会做自己的“父母”和“老师”，逐步学会解决自己在复杂人际关系中所出现的各种问题。关于人际关系问题，这是一个大概念，今后有什么具体问题再来咨询老师，好吗？

（湖南工业大学　陈　鹏）

17. 适应的核心要素是自己改变观念

来访者自述

我是一名大三的学生了，也选修了您的大学生心理健康教育这门课，我自己觉得各方面都有进步。您常说大一就要完成高校的各种适应，我是老生了，总感觉还有一些不适应，心里感到有些不踏实。细想起来，又好像找不出什么。哎呀！我真的说不清楚。老师，这是为什么？您能给我解开心中的疙瘩吗？

心理师分析

你提的问题较“泛”，不专，这很可能是一个旧观念在你头脑中作怪。“人非为事所忧，乃为其观而自扰之”，这句话与美国心理学家艾利斯的观点一脉相承。

艾利斯认为：导致人们对环境适应不良而出现消极心态的原因，并不在于人们所经历的各种刺激事件本身，而在于人们对这些事件的看法、评价和解释，即个人认为只有读上了大学才有可能成为人才，才会过上幸福美好的生活，而没有上过大学的人是不能成才的，其生活也是痛苦的。这种观念就是一种非理性观念。其实，不管是上了大学还是没有上大学，只要奋斗、拼搏、抓住机遇，照样能成为人才，有的还可以成为天才，这在古今中外历史上的例子很多。在实际生活中，自己面对某些事情，一旦纠正自己头脑中不合理的信念，就会对自己、对他人、对周围环境和事物有一个客观、公正、公平的认知，略加分析后，就会领悟，心理就会轻松，精神就会抖擞，干劲也会倍增。

适应难或根本不能适应叫适应障碍，解决的办法有：

（1）改变旧习惯，尽快建立新环境下的新习惯，以保持与新环境的一致性；

（2）找准自我的重心，不跟“风”跳，就是不要跟着感觉走，人家一变你也跟着变，长期变来变去，很难适应，自己要有自己的适应“主心骨”；

（3）提高突破困境的能力，一般来说，对同样的客观现实，不同的人有不同的反应，提倡积极适应，克服消极适应。

遇到适应障碍时要主动运用心理调节机制来摆脱由适应不良引起的孤独、苦闷、烦躁等情绪，让自己原有的思维导向“升华”，加快适应的步伐。

（湖南工业大学 陈 鹏）

18. 她想放弃学校一切工作

案例描述

该生为某高校学生，学生会副主席，科协干事，办事认真负责。在最近期中考试时英语不及格，她非常沮丧，觉得社会工作太多影响学习，因此不想干了，但又不知对不对，非常迷惑。

心理师分析

经交流得知，该生中学在山东上学，最后一学年到北京复读，考入北京一所著名大学。听学长说大学应锻炼各种能力，因此就去学校各学生社团应聘，因表现良好，得到了几个机会。来校时自己曾与父亲说要学好英语，准备考研、出国。英语在她心目中很重要，但这学期偏偏这一科挂了。她认为将来一切要成泡影，自己承认很自卑。高中期间曾因为在 60 人班中考第 15 名而伤心，认为比自己同桌（班级排名第 5）差远了。最初她向这个同桌问问题，同桌还回答，后来同桌有些问题不回答或回答慢，觉得同桌有点看不起她，并觉得为什么别人会这个题目而她不会，有点自卑。此次考试很看重的英语不及格，非常伤心，萌生退意。而且准备第二学期什么也不干了。

从上述中可看出，这是个较为典型的适应不良的案例。

面对突如其来的学习生活方式变化，她有点不适应。社会工作也觉得自己担任较多，影响了学习，而且就认为是工作影响了学习，经交谈后发现她不适应管理及学习方式，认为连英语都过不了，感到自卑，也没找到合适的学习方法。她也很看重人际关系和别人的看法，且对教师讲完课就走的授课方式不适应。

（北京交通职业技术学院　王丽红）

19. 适应大学新环境，实现角色转换

案例描述

胡某，女，江苏宿迁人，艺术系，2007 级服装专业新生，于 2006 年 9 月 15 日入学。她认为学习服装无前途，就业难；又因思念家乡，孤独寂寞，焦虑不安，欲转她认为好的专业或退学回家；且不适应大学环境，空虚，无所事事，角色转换困难。

心理师分析

经与来访者沟通，本人了解到她第一个心理问题产生的原因如下：胡某的姐姐是浙江某职业技术学院 2005 届服装专业毕业生。毕业后被学院推荐进入浙江某市一小型服装厂工作。工作时间长，任务重，压力大，收入低，起点工资 500 元，一年以后调为 600 元。这点收入连自己都养活不了，更无盈余可言。在看不到希望的情况下姐姐辞职离开浙江，返乡后在徐州打了半年零工，结识一男友并与之结合。至胡某考取大学时，工作状况仍无好转，处于半失业状态。姐姐的经历对胡某产生了负面的心理暗示：学服装专业无前途，就业难。有此心理直接导致胡某入学后对专业价值的认识，从而使其对自己的专业一开始就不喜欢，无法安心学习。受上述因素的影响就产生了第二个心理问题。远离家乡，初到陌生的生活环境，缺乏亲友的关

爱，就产生了孤独寂寞的心情。看不到美好就业前景就很难安心，从而焦虑不安。个人评价专业无价值，就一心想转专业。第三个问题的产生受以上因素的影响，但也是大学新生的共性：困惑。从中学到大学是一个较大的跨越。环境变化了，新生一时难以适应大学的管理方式、人际关系、学习习惯。中学以升学为目标，学习生活充实，学校管理严格，中学生升入大学以前已习惯紧张的中学学习生活。进入大学后，新生们一是有经历高考后松口气的心理，再是发现自由度大多了。一时适应不过来，他们就产生了不踏实、空虚、无所事事的情绪。

我与来访者是同乡，她是我一朋友的学生。入学前，朋友已将她的情况告诉我，意欲寻求帮助。她入学当天即通过电话向我咨询转专业的相关信息。随后每天电话联系，谈自己的困惑。于是我就陆续开始了针对性的疏导工作。针对第一个问题，我了解到主要是姐姐的经历给来访者造成了负面影响。于是我就让胡某主动通过班主任了解我院服装专业已毕业学生的就业情况。从而胡某得知我院已毕业服装专业学生就业率98%，起始薪资待遇大都在1200～1500元，发展潜力较大。同时我又让和她同一中学考来的2005级艺术系学生杨某去安慰她，并将一些经验体会告诉她，这样就让胡某了解了真相，看到了希望，也感受到了温暖。第一个问题的解决，使胡某认识到了专业的价值，安下心来。第二个问题也随之迎刃而解。有了同乡和老师的关心，胡某不再感到孤独、焦虑，也不再强烈要求转专业了。至于第三个问题，随着火热的军训生活的开始，对环境和同学逐渐熟悉，同时我又针对性地和她谈了角色转换的方法，胡某就开始适应大学生活了。一旦释然，她便开始享受风轻云淡的大学生活了。

经过我对胡某针对性的心理疏导，她转变了对专业和前途的负面看法，安下心来，逐渐形成了良好的心态，积极投入大学学习生活，消除了心理压力，由开学时的愁眉苦脸到后来的灿烂笑脸。她与同学相处融洽，主动参加课余活动，充实自己。一学期下来胡某气质有了很大变化，成为一名有目标、有信心、勤奋好学的大学生。

胡某的例子是大学新生心理状况的一个典型反映。这启发从事学生管理工作的辅导员、班主任要及时发现新生的心理问题并引起重视，本着对学生负责的原则想方设法进行心理疏导，使他们摆脱心理阴影尽快实现角色转换，形成阳光心态，积极融入大学氛围，享受成长的快乐，提高大学生活质量。

（江苏无锡商业职业技术学院心理中心　龚　玲）

20. “多事之秋”的烦恼

来访者自述

去年，我怀着激动的心情开始了大学的生活，可是现在那份兴奋的劲儿没有了，总觉得孤单单的，上课、下课、做功课、睡觉，每天都是这样打发日子，也找不到可以称得上朋友的人。我虽然是一个女孩，但也和男孩子一样疯野、玩游戏、抽烟，有时也喝酒，然而在表面的疯狂之后，我还是有空荡荡的感觉。请你告诉我人生的道路应该怎么走才好。

心理师分析

首先你自己对自己应有一个足够和科学的认知，目前你所述说的不平衡是青春迷茫。生理的急剧变化，导致心理上的许多不平衡，也是心理学家所称的“多事之秋”。一项调查显示，大学生中有一半的男生并不了解人应该如何生活，而女生有此烦恼的占了大学生总人数的79.9%。

你要解决一个价值观的认识问题，作为大学生，应当有能力持有自己的价值观来审视周围的一切，并且按照这种价值观来约束自己的生活，也要在思想上保持清醒和独立。其实对于青春期的迷茫和内心痛苦，每个热血青年都有这样的体验，只是程度不同而已。

同你一样，大多数身处此境的人都会感到孤独和寂寞，一些不切实际的幻想可能会给青少年带来心理危机。这种危机的表现形式就是要改变一下你的生活方式，改为抽烟、喝酒、疯、野等，这种方式可以尽情地宣泄你心中的苦闷和不安，好像心理平衡一些，其实内心“平衡”以后却与社会的要求和学校的规范不一致，到头来与领导、老师和同学们的关系处理不好，显得不成熟、很幼稚。把有意注意向无意注意转化，这样就会自然而然地戒掉抽烟、喝酒的陋习。美好的生活正在等待着你。

美国心理学家戴尔·卡耐基最擅长做年轻人的心理疏导工作，他的名言是“一个人只要树立了自信以后，他的视野就宽了，领域就广了”。

学习是迈向生活和成功的阶梯，生活中总会有艰辛，总会遇到这样或那样的矛盾。当遇到这些矛盾与困惑时就要强化一下自己的“积极自信”，用自信来占胜心中某一角落里的自卑。自信就是自己相信自己的那份心态。

自信可以创造奇迹，翻开世界音乐大家贝多芬的传记，我们会惊奇地发现这位世界音乐界中的名师巨匠竟然是一个聋子，他听不到琴声，也听不到自己谱出来的曲子，竟然成为赫赫有名的大音乐家。

（山东省菏泽家政职业技术学院　张秀云）

21. 思念的情绪像洪水

来访者自述

我的父亲在三个月之前去世了，开始并没有什么，只是最近一个多月以来，父亲的音容却一直在我眼前闪现。我也无数次地告诉自己，忘记父亲的故去，重新开始自己的新生活，但这些都没用，老是想控制自己感情的闸门，结果总是控制不住，似乎越想摆脱就越摆脱不了。这究竟是为什么？

心理师分析

丧失亲人后出现悲痛，思想上异常痛苦，这是很自然的事，人皆如此。请你不要害怕，更不用担心这样的情绪会影响身体，有痛苦宣泄出来以后也许会好受一点，恰恰是想强硬地压抑住自己的感情还可能会造成许多不适。所以，你要顺其自然，想哭就痛痛快快地哭一场，这样你的悲伤、痛苦、焦虑的情绪就会慢慢地消失。

情绪像洪水，靠“堵”是不能解决问题的。有一个故事是这样的：一个智者在旅行中觉得口渴，于是跟弟子说：“你转回去，刚才我们跨过一条小溪，从溪中取一些水来喝。”弟子回转以后发现这条小溪本来就很小，有一些人经过，水已经弄得很浑浊了，本来沉淀的泥土翻上来了，水不能喝了。于是把这个情况告诉智者，智者坚持第二次要弟子去取水，弟子刚把脚伸进小溪里，水又变浑浊了，还是没有把水打回来，只好再次向智者说明情况。这时智者在第三次派弟子去取水时吩咐他说：“你到达小溪后，先不要去小溪打水，只是坐在小溪旁边，耐心等待，让浑浊的水流走以后，再小心翼翼地用手伸向小溪去取水，不要盲从，不要急躁。”弟子按智者的教导做了，终于成功了。

以上的故事是说明做什么事都要有耐心，时间长了，自然会好，而感情上的体验更是如此。一个人有父亲、有母亲，这是幸事，如果失去一方，儿女缺少关怀，缺少爱护，缺少帮助，感情上感到空虚，失去了精神寄托，总不是滋味，这一点只要有过这方面体验的人都知道。请你尽量回避一下，不要与其他人谈及家庭和父母的问题，以免伤心。还应该知道，伤心和痛苦救不了你已经故去的父亲，只会活活地折磨你自己。懂得了这一点，你自然而然地会摆脱这种痛苦的，一定会，我相信你！

心理学教室

人是有感情的，也可以说是有情感的，这里不去细分二者之间的细微区别。情感的表现分两种：一种是心理表现，别人看不出来，只有个体本人才知道其中的“深浅”；另一种是行为表现，别人能够看得出来，也就是我们平常讲到的“笑”与“哭”之类。

对亲人的怀念，这是人的本能驱使，关键就是怀念过了头，影响了自己实质性的生活与学习，这是没有意义的事，没有现实价值，只有从“意义”和“价值”两个方面去加深领悟，这洪水自然会变成涓涓细流，由涓涓细流再化成心中甘露，心中甘露就会转化为自己的动力源泉。

（山东省菏泽家政职业技术学院　鲁　彬）

22. 我要冲出牢笼

案例描述

他就读于外地一所著名学府，目前正读大学四年级。是母亲和阿姨要求他来咨询的，他本人也同意。这次也是母亲和阿姨陪他一起来的。

咨询师首先开始和男孩交流。谁知谈了没多久，母亲和阿姨就来敲门，强烈要求先和咨询师谈谈。原来，她们认为男孩一定不会说真话，她们有责任和义务把实情告诉咨询师。

咨询师不免对这个家庭产生了强烈的好奇。

交谈中咨询师了解到，母亲和阿姨认为他的主要问题是网络成瘾，以致影响学业，目前又面临毕业论文的撰写和英语毕业考，如果不能顺利通过就无法拿到毕业证。他与父母几乎不沟通，他们也不知道如何才能说服他让他顺利毕业。阿姨自己没孩子，把他当作自己的孩子，她说自己是学医的，也学过心理学，知道网瘾对生理和心理的改变都很大，一定要重视。男孩跟阿姨还可以谈心，但很多努力都被母亲破坏了。阿姨认为姐姐很失败，自己婚姻失败，教育孩子也失败，不让姐姐对孩子乱说话，只让她做好伙头军就行。

而男孩自己的叙述是，从小父母就经常吵架，对他管教也很严。母亲的控制欲很强，一直管这管那。为了摆脱家里的控制，他高中上寄宿学校，大学也考到外地。在大学里，母亲一周打三四次电话问他在哪，在做什么。他不接，母亲就打给辅导员，问他同学的电话来找到他。他对此很反感。在大学里不愿去死记硬背专业课，没有意思，认为只要知道就好，电脑比人脑更管用。他觉得自己很固执，不轻易打开心扉，不和别人说自己的感受和想法，也不知道别人对自己的评价，有情绪波动就抹平，不让它影响自己。以前每天上网六七个小时，现在家人控制很严，家里没电脑，对自己的经济控制也很紧。网络带给他被需要、被认同的感觉，而在现实中找不到。他的很多想法与父母不同，关于工作，父母认为最重要的是要有面子，而他只想真实地生活。

这实际上是一个比较复杂的案例，其中涉及很多问题，如网络成瘾问题、青年的成长问题、父母的婚姻问题、亲子关系的问题、阿姨的过度参与问题、姐妹间未解决的情结问题，等等。所有问题都由来已久，盘根错节，纠缠在了一起。到底是哪个问题在先，哪个问题又引起了哪些问题，倒不是能轻易说得清的。

从小的家庭氛围一直让他很压抑，他也学会了不理会自己和别人的情绪波动，因为那样他就不会痛苦。而婚姻的不如意又让母亲把过多的精力投注到儿子身上，在儿子身上寻找寄托，而这种过多的关注势必像绳索牢牢地捆住了儿子的自由。阿姨本来就有和姐姐未解决的问题，这时更是恨不得取代母亲，把孩子变成她的。父亲的角色原本是弱化的，此时也发挥出权威的本能来，参与到对儿子的围剿中。

你说这些人不爱孩子吗？当然不是！他们很爱很爱他，比谁都希望他能有一个好的未来。然而，正是这些人的爱，编织成了一个坚实的牢笼，牢牢地把孩子困在了里面。

为了不让他上网，他们不仅严格控制他的经济能力，而且采取一对一的盯人战术：不管何时何地，总有一个人明为陪着实则监视着他……

他说，我每天都在坐牢。

坐牢是什么感觉？我们并没有切实体验过，但至少有一种感觉是可以想象的：那就是失去自由。当他实在受不了的时候，他会利用一切可能的机会失踪。虽然最后他还是不得不回到家里，至少短暂的自由也是好的啊。

我们怎么能责怪孩子去迷恋网络呢？那些现实中给不

了的，在虚幻的网络世界都可以实现。他可以是王者，挥洒自如，经营自己的国度；他可以是侠客，除恶济贫，仗剑走天涯。在虚拟世界里，他可以自由地选择自己想要的生活。

然而，一个普遍的问题是，我们终究是生活在现实世界中，该怎样面对现实与虚幻的差距呢？

这个案例其实最适合的是家庭治疗，但是家长们并没有意识到自己的问题，他们坚信，需要治疗的是孩子。于是，咨询师先从男孩这里着手。

然而，咨询师并没有去讨论他的网络沉迷问题，甚至没有关注他正面临的能否顺利毕业的问题。只是与他探讨他的想法、生活的目标、未来的打算以及想要如何去走未来之路；引导他探索自己与父母及阿姨间的关系及互动，主要目的是促进他的自我思考和自我成长。

几次咨询过后，男孩迷惘的眼神坚定起来。他清楚了自己之所以沉迷于网络，实际上是对家人的无声反抗和对现实的无奈逃避。他明白了自己想要的是什么，也知道该怎样去实现自己的人生目标。

咨询已经告一段落，咨询师的心里却久久不能平静，有多少孩子被最爱他们的家长，以爱为名束缚着。

（上海市云间漫步心理咨询中心　赵东霞）

23. 蜕变，痛苦但快乐着

——记一网瘾学生的转化过程

案例描述

某高校学生汤同学，在新生报到的时候，是和他的母亲一起来的，奇怪的是，他还带来了一封保证书。从保证书上可以看出，他是转专业的学生，从计算机转到另一个专业。在就读了一个月左右的时间起，他就开始沉迷于网络，在网络游戏中通宵达旦作战，不能自拔，在屡教不改的情况下，因夜不归宿和旷课的双重“罪名”被劝退了。而一年之后，他又考到另一个专业就读。在入学后军训那段时间里，因为长时间的体能训练和教官的严格管教，他基本上能按时出操，也没有再去玩通宵网络游戏的事情发生。

但国庆节过去，正常上课后，他又慢慢地沉迷于网络游戏，不同的是，不去玩通宵了，一般都是白天逃课去网吧，逃课又成了家常便饭；同时，在学习上表现出严重的厌学情绪，来上课的时间不是趴在桌上睡觉就是手里捧着武侠小说。由于长时间沉溺于网络这个虚幻世界，他的性格变得非常孤僻、内向，几乎没见他和班上其他同学主动交流，从来都是独来独往，离群索居。

心理师分析

针对汤同学的情况，对其转化做了如下几项工作：

(1) 了解学生心理特点

谈心，是与学生进行语言和情感交流的重要手段，只有了解学生的心理特点，才能摸准脉搏，对症下药。“用诚心与他交流”，对他存在的问题，要在摆事实的基础上，晓之以理，动之以情，在细节问题上进行合情合理的剖析引导，要循循善诱，不断启发学生的思想，使其豁然开朗，心悦诚服；“用耐心与他斡旋”，为了解决某些棘手问题与学生谈心时，一定要有耐心，即使谈心不顺利，产生了一些误会，甚至碰到钉子，也不要灰心，更不能计较和报怨学生，要不厌其烦地帮助他一起战胜性格的弱点和对网络游戏的痴迷，帮助学生认识到他自己的弱点与网络所给他带来的危害。

(2) 与家庭取得联系，一起督促

在与汤同学交流的过程中，发现他有个和其他特殊群体学生不同的优点，他跟父母关系还相处得不错。但父母都在他乡做生意，不能给予面对面的关心，只能是通过电话来关心和教育小孩。大家都知道，对孩子的教育得由多方面进行配合，其中家庭的积极介入有时会起到很重要的作用。父母尽可能地多与自己的孩子进行面对面的交流，这比打电话、寄点钱来说，对孩子的成长与发展要有用得多。

(3) 朋辈同学的帮带

由于长时间与人缺少沟通，表面阳光的他，内心极为空虚，很少与同学进入沟通。在这种情形下，朋友之间的帮助可能起到意想不到的作用。因此，特别安排了班团干部多与他交流，特别是在班会上集体“怂恿”他表演节目，虽然大多数时候被他拒绝，但是很明显地感觉到他在慢慢融入集体中，并且还收获了友谊，这种班级的凝聚力无疑对他的转变有积极的作用。而对于在学习上的厌倦情绪，则动员学习成绩好的同学和他同桌，以自己对学习的浓厚兴趣来感染他，在考试前制造复习迎考的氛围，使得他有一种不自觉的改变。

另外，适当地使用一些心理学方法。在转变的过程中，运用了系统脱敏法和认知疗法，使他的注意力得以转移，对网络的依赖不再那么强烈。久而久之，就从认知上帮他从网络的吸引中抽出来。这对他的转化起到了很大的作用。

人们都说当蝴蝶由蛹蜕变而来，其中的艰辛不言自明。对特殊群体学生的教育转化工作，同样经历着这样的蜕变与涅槃过程，除了痛苦，也有无言的快乐。这是一辈子的事业，作为教师，我们得要用心去做，用情去做，享受其间的痛苦与快乐、平凡与崇高。

（湖南省长沙民政技术学院心理咨询中心　邹志超）

24. 别让“心病”毁掉自己

来访者自述

我是刚入校的新生，在入大学之前我经常头疼、紧张、情绪低落、反复无常，我总是压住自己，不让自己的短处表现出来。我也没有交过男朋友，因为我害怕自己的这些毛病，更害怕男性的求爱，好痛苦，又不好向外人道出。父母领我去看过许多地方，服了很多中西药，结果都没用，于是我更加紧张了。高考没有考出相应的水平，我担心大学完不成学业……

心理师分析

俗话说，心病还得心药治。既然你吃了不少药均无效，这进一步地说明了你并没有什么生理上的疾病，而是心理上的某些障碍，这是通过若干事实而得出来的结论。所以从今天起，你也不必再去医院看医生，不必再服中西药，免得心理再度紧张、疑惑，使自己的心理更加焦虑，这对健康不利。

个性方面的缺陷很可能是你目前的短处或要进行完善的地方，主要表现在性格内向和心态悲观。改变性格并不是一朝一夕之功，俗话说“江山易改，禀性难移”，这充分地说明性格的改变需要一个漫长的过程。悲观向乐观方向转化也不是在短期内所能达到的目标。心理医生不可能像按电钮一样只要轻轻一按就使原来黑暗的房子顿时光芒四射、金碧辉煌。改变一个人的心理不能顿变，只能渐变，而且方法、时机要讲科学，要有针对性，建议最好来心理咨询指导室面谈，这样进行双向交流效果会好一些。

（福建省龙岩学院人文与教育学院　郑先如）

25. 经济压力大，忙得透不过气来怎么办

来访者自述

我是来自一个革命老区的学生，学费全部靠当地政府的贷款，这是有合同的，毕业之后五年要偿还。生活费每月不到200元，特别是在就餐时要躲起来吃“免费汤”，觉得不自在，低人一等，自尊心受到了极大的摧残。幸运的是，学校里有一个实践部，主要是联系学生与社会上各公司、各厂矿及家庭的“大学生劳务输出”。通过学校实践部的努力，有些大学生利用星期六、星期天去做钟点工，晚上去饭店端盘子，还有到超市去服务的，也有做家教的，虽然能够挣一点点钱，但仍是杯水车薪，还是感到生活压力大，有些受不了的感觉。这个问题怎么面对呢？

心理师分析

俗话说没有穷人，只有“志穷”。只有先在“人穷志不短”方面使自己“富”起来，才能解决真正的富有问题。我认为：你目前已经在高校上学了，在精神上已经步入了“富裕”的行列之中，如果这个观念形成了，那什么都好办了。现代化的核心是“观念现代化”，其次才是设备的现代化，最低档次的就是器物现代化。一般人认为，吃的、穿的、用的物品都是现代化的就步入现代化社会了。这是最低档的认知理念，去研究、进口、生产这些制造现

代化产品的设备，这是现代化意识的发展与深入，因为有了这些设备，可以生产大量的产品。但是最重要还是现代化的观念、创新意识，只要头脑被现代化意识武装了，有了一技之长，可以生产设备，设备再生产产品。目前吃一点“免费汤”并不要紧，总比那红军长征时吃树皮、啃草根强，只要心里不在意，就没有什么了。生活有困难，不等于有生活压力，作为年轻大学生，正处于思维最活跃、保守思想最少的时期，年富力强，学习之外在社会上兼职，向社会学习，是早一点踏向社会、缩短从学校向社会过渡的社会化过程，比其他大学生“早熟”一点，是好事不是坏事。有一点生活的压力，早知“油米贵”，早当家，早懂事，可以早致富。

什么事情都有两面性，如果头脑中能以这种辩证唯物主义观点指导自己的思维和动机，就能减少很多烦恼。我听说过这样一个故事：有一位经验丰富的老船长，当他的货船卸完货物，在浩瀚的大海上返航时，突然遇到了可怕的风暴。水手们个个惊慌失措，老船长胸有成竹，果断命令水手们立刻打开货仓，往里面灌水。货仓里的水位越升越高，船也一寸一寸地往下沉，猛烈的狂风和巨浪对船的威胁却在一点一点地减少，渐渐地货船平稳了。这时船长才向水手们解释道：“一般来说，百万吨的巨轮在负重的时候是最安全的，而空船航行时却是最危险的，适当的负重可以抵挡暴风骤雨的侵袭。”

如果一个人在生活的洋面上，适当负重，反而还平稳一些。那些精神空虚的人如果遇到点挫折，就可能沉沦下去。忙碌于工作和生活的人，其内心是非常充实的。

（福建省闽西职业技术学院　江强民）

26. 如何科学地安排时间

来访者自述

老师，我这学期选修了您的课，希望在这个班的学习中，克服一些自己认为的心理毛病，比方说在如何合理利用时间上，就是我的一个“弱点”。请您介绍一下科学安排时间的心理学知识。

心理师分析

我把自己是如何安排时间“学而不厌，诲人不倦”的经验介绍给你，供参考。

（1）每年每月每日应该有一个计划安排表，虽然学校有课表，班上有工作计划，但自己应该有一个更符合自己特色的切实可行的“计划安排表”。

（2）要“抓大放小”，每周每日有一个中心工作，其他工作尽量服从于这个中心或服务于这个中心，不要让“小事”牵着“大事”的鼻子走。

（3）在有计划的基础上，每周每日应该留一些“弹性时间”，也就是“机动时间机动地处理偶发事件”。

（4）早上、晚上再忙，也不要挤掉身体锻炼或放松自己的时间，要劳逸结合，只劳不逸，事倍而功半。

（5）充分利用“边角料”时间。我一起床就打开收音机，洗脸漱口把收音机挪到厨房，到厕所洗澡也把它带进去，衣服洗好之后拿到凉台去晾也带上，吃饭放在桌边，这样国际国内大事就不知不觉地在你处理这日常生活琐事之中融入脑际。

（6）从“没时间”的思维定势中走出来。“没时间”是不少人的口头禅，有的人是为了表露自己，显示自己忙，常讲这一句；有些人为了推脱自己不想参加别人的会议、舞会、宴请等也讲这一句话。利用一些零星的时间去做一些零星的散事，是一个人成功的奥秘。我们不能一味地等待“合适的时间”再去做某一项工作，这也许永远不能起步，如果把一项整体工作“化整为零”，分配在不同的“剩余”时间去各个击破，那你将要做许许多多的事情，由这无数个“点”完全可以组合成为你自己人生轨迹的美丽图画。

（7）尽量试着每天都在相同的时间内去做相同的事情，逐步摸索出自己用脑的最佳时间。有些人早上脑子特别好使，有些人是晚上脑子灵，把最重要的事情和最难的事情放在自己最佳用脑时间内解决。

（8）心理学家还摸索出一天中有四个记忆高峰时期，就是六点、九点、十五点和二十一点。最好把新课内容放在这四个时间区段去“攻关”。

著名数学家华罗庚先生创立了“统筹法”，就是说在同一时期内把要办的事情，并不一定按时间的先后顺序而有意识地互相交错着办理。客人来了，先烧开水，把它倒进热水瓶里，再去取茶杯，洗茶杯，然后去拿茶叶，一切准备好以后再把热水瓶中的沸水往杯子里冲茶。如果用“统筹法”解决就是这样：客人来了，先招呼客人在客厅里坐下，然后上水放在火上去烧开水，在烧开水的同时去洗茶杯、拿茶叶。一般来几个客烧多少水，等开水沸腾后直接往杯子里冲茶。这里省掉了“热水瓶”这个环节，还有烧多少水与来多少人基本相等，这样既节约了时间，又节约了能源，同样达到招待客人的目的。这种“统筹法”思想可以应用于“科学地安排时间”这个方面。

（湖南工业大学　陈　鹏）

27. 名牌大学与普通高校的区别

来访者自述

不知怎么搞的，我在中学是一个极不错的女孩，上进心强，一直是班干部，能歌善舞，别人都说我懂事、能干、有出息，但令人遗憾的是只考上了一所普通的大学，而我的理想是考复旦、清华等名牌大学。现在我一点精神也打不起来，我知道这样下去可能不好，会出问题的，但又不知怎么做，从哪儿做起呢？请帮助我吧，尊敬的老师。

心理师分析

你提的是一个普遍性问题。很多人想做大做强，当一辈子“常胜将军”，显而易见，你也是这样的人。你初入高校的门，对大学不甚了解，我先介绍一下基本情况，提供信息和建议，供你参考。

一所高校，是名牌还是普通，社会是根据大学生在履行其职责的过程中，为社会做出的贡献，如人才质量、科技水平、社会效应等来判断一所大学的声望。美国有125所研究型大学，有口皆碑。英国的牛津大学，被称为英国思想、学术中心，在英国乃至欧洲的历史、政治、文学和社会上具有独特的地位。英国历史上40多位首相中，有29位是牛津大学的毕业生，印度前总理英迪拉·甘地、挪威国王奥拉夫等外国首脑也曾求学于牛津大学，这所大学培养了众多的政治家、企业家和学者。还有俄罗斯的莫斯科大学、日本的东京大学，都直接影响和推动本国政治、经济、科技、教育、管理乃至于军事等若干领域跻身世界前列。

然则，有些名牌大学虽然有辉煌的过去，但后来却业绩平平；也有些大学曾经很不起眼，但后来居上。名牌大学并不是永恒的、一成不变的。目前和你同样想法的人很多。有些人从小到大要求自己做优秀的学生，甚至有时不切实际地要求自己做到至善尽美，这种盲目心态的结果是产生自卑心理，如果长期不能从自卑中冲出来，整个人就有可能陷入低谷。你目前的状态很可能是低谷阶段，再陷下去，那就是自暴自弃、破罐破摔。

要摆脱这种处境只有两条路：第一条放弃这次升入大学的机会，回去复读，明年重考，一定要考上一所自己满意的理想大学；第二条是“既来之则安之”，在平凡的大学里创造自己不平凡的业绩来。

先谈第一条，放弃重考，明年就能一定考上理想的高校吗？我认为不一定，退学后思想压力非常大，自己把自己放在“背水一战”的境遇里，这样的高压态势不能使自己轻松，聪明才智不可能彻底发挥出来。依据心理学的术语，个人的潜隐才能很难全部释放。这是自己给自己的压力，还有来自于家庭、亲友对你的压力。你心理的防洪大堤是否经得起如此的惊涛骇浪呢？

自古人间只有“三不朽”，那便是品德、业绩、学问。一个人如果在品德上特别高尚，“孔融三岁让梨”“花木兰女扮男装替父从军”，这些思想品德方面的特别优秀者为万古称颂。为社会创造了业绩的人也是千古传颂，如长城、京杭大运河、都江堰水利工程等。有学问的大师是世世代代要向他们学习的，孔子、孟子、韩愈、柳宗元、欧阳修、苏洵、苏轼、苏辙、王安石、曾巩等都是民族的瑰宝，这些就要看自己的努力，拼搏和奋斗。

“山不在高，有仙则灵；水不在深，有龙则灵。”不管你读的是何类学校，只要“路漫漫其修远兮，吾将上下而求索”，你就会是时代的骄子，到那时候学校还会以你为荣哩！

心理学教室

心理学家认为：一个人要获得健康的心理，就要学会正面认识时间的一切，那些负面的东西要“常遇常丢”，不应保留在自己头脑中。“以经济建设为中心”，这是邓小平先生的话，这话很对，他心理健康，三落后又三起，成为中国改革开放的总设计师，为世人所崇敬。从发展论的观点出发，一切都是向前发展的，环境与人每时每刻都在变化，环境可以改造人，同样人也可以改变环境，只要两者螺旋式地前进，人就自然适应了，适应就是智慧，适应就是和谐，适应生存，在生存的基础上求发展。至于来到一所普通大学，这就理解为生存吧。那么要上名牌大学也容易了，考这些名牌大学的硕士或博士吧，那就是发展。这种期望值并不高，通过努力，完全可以实现。

（湖南工业大学　陈　鹏）

28. 校园中的旧情怀

来访者自述

我是本院来的新生，大学生活不像中学，课程又多，课后很难找到老师；宿舍里有些同学不打水，老用别人的，我提醒他们应该自己去打水，被她们讥讽为爱指挥别人，同学们之间的关系好像不如以前了。在中学，我一直受老师器重、同学羡慕，与现在的光景全然不同。还有这边条件又差。与主校区相比，校园好像是中学似的，学习提不起精神来。我十分怀念从前，靠向外写信、打电话来消耗光阴以此充实自己的精神生活，这种日子怎么受得了？

心理师分析

我建议你不要长期把自己放在“回归心理”的思维定势上，如果长期恋旧、思乡，就很难适应新的环境，不能享受新的生活，要“身在于山而情满于山，身在于海而情满于海”。

(1) 重新定位，塑造一个全新的自我

大学生来自全国各地，许多同学原来都是学习尖子，优秀学生干部。由于个人在学习基础、方法、动机、适应能力和个性特征方面的差异性，还有天南地北的生活差异，进大学后必须有一个思想上的重组，每个人的思想上也应该有一个重组的准备，我们不只与自己过去历史上的“辉煌”作纵向比较，“强中更有强中手”，“高山再高也有盘上路，江水再深也有渡江人”。如果看不到这些参照系数的变化，不能重新定位和重新审视自我就很容易造成超出自己能力范围的自责和压力，这是导致情绪低落身体功能紊乱的关键。

(2) 学习层次的提高与学习方法的改进是辩证的统一

在中学，学校老师和学生都被“高考”这根无情的指挥棒逼得透不过气来；进入大学，学生已经由应试教育中的学习本位向能力本位过渡，提高素质和社会适应能力，完成社会化过程，这种层次品位的提高导致方法的改革与创新是一致的。如果认识论改变了，其方法论也会跟着发生变化，也就是平时所说的有什么样的世界观就会有什么样的方法论。

(3) 要建构一种“归零心理”

西方资本家招收员工，在到职前老板要进行“归零心理”的讲座，意思是说由于机遇和需要，“某君来到我公司发展，只要按照新的工艺流程，遵循新的规章制度，不管你原来是干什么的都要按照我们的规定从零开始，原来头脑中的一切一切都要遗忘。因为原来头脑中的东西不但对你目前的工作和生活环境毫无关系，反而会妨碍你的前途、影响你的发展进程”。在给家人和朋友写信打电话要讲学院正面的东西，尽量描述好的东西。如果专门讲你自己不如意的事情，亲人会为你难过，一个人忧愁不要紧，还要把许多人都圈进畸形心理的怪圈，甚至有的人反而看不起你，这样自然会失去一些朋友，缩小了你人际交往的圈子。

我讲的正确与否，可与你最亲近的朋友讨论后再酌取。

（江苏省无锡商业职业技术学院　董冉功）

三、良好的人际关系是成功的“砝码”

29. 大学就是一个小社会

来访者自述

我来大学已经有一年多了，我看大学与社会相比差不多，“天下乌鸦一般黑”，同学个个尔虞我诈，或许是我对事物的认识本来就有偏见。您在高校工作时间长，请全面介绍一下吧。

心理师分析

关于高校就是一个小社会的问题，很多人不同意这种看法，也有持赞同意见的。大学教育不同于中小学教育，因为中学教育的目的是向高一级学校输送合格的人才，培养社会的建设者。高等学校主要是专科、本科和研究生教育，毕业了主要是走向社会进行科研、教学和从事各方面的工作。

大学生为了实现这个目标，有一个“社会化”过程，这里指人们将获得的知识、技能与技巧服务于社会并使自己成为一个合格成员的过程。在社会中，人不仅仅要接受社会经验，而且还要加以改造，使之成为自己的价值观。

人既是社会关系的客体，也是社会关系的主体。高校是学校向社会过渡的桥梁和纽带。认为大学就是一个小社会和认为大学像中小学是“纯教育”的观点，都是片面的。

大学生是我国知识水平和智力水平都比较高的一个群体，他们求知欲强，接受新鲜事物快，心理发展趋势成熟，认知能力强，人格基本定型，是祖国未来希望之所在。可是由于现代化社会变迁剧烈，大学生所遇到的矛盾复杂多变，人与人之间的摩擦不断加剧，心灵的碰撞日趋频繁，情绪波动起伏大，不是冲动难抑，就是郁郁寡欢，个人的行为、情绪无法自制。有的新生入学以后，长期不能适应大学生活。

我们应该看到，大学生是社会上相对成熟的一个群体，大学生活是一个由学生群体向社会过渡的一个阶段，要完成社会化过程。虽然大学不像中小学那样纯洁，但毕竟与社会相比还是另一番天地，这一点必须要有清醒的认识，不能把树木当森林，以偏概全。

（河南省许昌学院教育科学系　李　松）

30. 掌握人际交往的艺术

来访者自述

我的人际关系一般般，明白人际交往是成功的最重要的因素，但就是缺少必要技巧，没有这方面的“艺术细胞”。这方面老师可以给我开导点拨一下吗？

心理师分析

什么事情本来就没有什么成套的经验，经验也是在长期的日常生活中积累起来的，如果行之有效就可以保留、推广，如果经验在实践中不起作用，也就不是经验了。在人际交往方面有几个方面应该重视。

首先就是语言的表达艺术与技巧。语言是内部思维的工具。我们平常就有这种感觉，好像自己在与自己说话一样，自己能感觉，就是别人察觉不出来，这是用语言进行内部思维的结果。在人际交往中一个谈吐不凡的人容易与别人进行沟通；如果出口伤人，别人肯定对那你的评价不高。要认真聆听人家的说话，要用微笑和点头表示你在认真地听他说话。如果是打电话，也要不断地回以“嗯”“是”，以示互动沟通。还有非语言的方面也要注意，那就是眼神、手势、面部表情、姿势、位置以及与对方的距离等也很重要，因时间的关系，这点我就不展开来谈了，有时间到图书馆去借几本这方面的书来看，读后肯定有收获。

人际交往的技巧很多，各学者之间的理论也不一样，社会中的成功人士都有许许多多的实践经验，要虚心地向他们学习。这里仅提供五个方面，可作参考：

（1）换位思考。“假如你是我又怎么办？”“假如我是你又如何处理？”

（2）给人以真诚的赞美。因为人人都期待听到他人的赞美与奖赏，都想得到别人的帮助，也想得到别人的理解。

（3）给人以友善的微笑。笑容是最好的使者，这种微笑应该是发自内心的情感流露，而不是戏剧化的微笑，不是“装”出来的微笑。如果是“面不合心”的笑，那交际效果正好相反。

（4）记住对方的名字。因为一个人的名字是一个代表，是一个人的所有一切的“总代表”，记住了别人的名字，对方觉得你已了解了对方、接纳了对方。当然是平行性交往，用名字称呼即可；如果是上一辈人或上一级领导，还要配上称谓才行，比如说“王叔叔”“李伯伯”之类的，绝对不宜直呼其名。

（5）保持适当的距离。注意交往的频率和幅度，要有分寸，要保持一个双方都能接受的“度”。

（吉林省长春教育学院　杨晓霞）

31. 要想管好别人，自己先学做人

来访者自述

老师您好，我是九月份来学院学习的，我们已经开课有一个多月的时间了。初来到学校时感觉还好，我还担任了班长的职务。可是近来的一些问题，让我感到不知所措。更直接点说吧，就是发现了问题，我不知道该怎样去处理才好！

开学后没有发现的问题，在军训结束后的一段时间里展现出来了。班里的一些同学觉悟不是很高，尤其是在上自习课的时候，班里秩序真的很糟糕，弄得别的同学没有办法安静地学习。因为大多数同学都是从社会上回到学校的，一下子适应不过来，或者是在高中时就没有好好地学习过，身上有一些毛病，也可以说是心一下子没办法静下来放在学习上，所以每天下午的自习课，我只能花工夫去维持班级的秩序。

尽管我费了很大的力气，但班级的纪律并没有好转。许多时候，那些捣乱的同学仍然我行我素，根本不把我的话当一回事，有时候还变得更厉害。一开始我与同学们的关系还好，经过了这么一段时间和许多事情后，现在却弄得关系很紧张，他（她）们对我产生了诸多的意见，都说讨厌我之类的话，真让我受不了。

我想说的是：虽然已经弄到这个样子了，但我还是想把这个局面给改变过来。我想，现在既然发现了这个问题的存在，就要好好解决掉这个事情。可我现在不知道从哪里入手，是从与他人之间关系的氛围来入手，还是需要从外界或者说让班主任介入其中，或是坚持用班级里的纪律条例来要求他们？

我现在感到很苦恼，我不想自己在班里处境这么尴尬，另外我想是不是自己在某些方面要妥协、让步？怎样才能扮演好我想要去扮演的这个角色呢？

心理师分析

同学你好，我要对你说三句话——

第一，我发现你很善于思考。在遇到问题之后，你想把问题产生的原因弄清楚，这是非常好的思维方式。只有找到了原因，你才能作出正确的判断，并逐步解决问题。

第二，我欣赏你遇到困难不退缩的个性。人生是不断克服困难向前进的过程，如果一遇到事情就缩头，那么，你就永远在原地踏步，达不到自己追求的目标。

第三，你目前面临的问题确实比较多，要想改变这种局面，一定要先调整好自己的心态，学习一些人际交往的知识，改变一下为人处世的方式。

一般来说，成教学院的学生成分比较复杂，但正如你所说，许多同学来到这个学院是想学一些东西的，对那些喜欢“捣乱”的同学，他们肯定不会欢迎。但你现在的问题不在这里，你感到苦恼的是与班上大多数人关系紧张，这就不能单方面责怪同学们，而要好好想一想你自己的问题了。由于你的介绍比较笼统，我只能根据你的来信内容，作一些揣测性的分析，希望能帮助你找到具体的、真正的原因——

（1）性格内向，喜欢独处。这是你自己说的，但这样的性格并不是导致你工作困难的直接原因。由于性格内向，好静不好动，你可能就会对那些好动的同学有一种潜在的反感，对他们的行为看不惯，对一些正常的玩笑言行，你也可能视为“捣乱”。这一点，就会影响到你对同学行为的判断，最起码会放大你的感受，误导你的行为。

（2）态度生硬，形成对立。你信中的“妥协”与“让步”等词，就暴露了你在潜意识里是看不起他们的，你把自己当作了正方，把他们当作了反方。我可不可以想象，你在工作中对待他们的态度可能是生硬的，方法是简单的呢？你与他们相处时，是不是批评指责多，真诚交流少？如果是这样，自然就会造成人际关系紧张。

（3）高高在上，缺少尊重。作为班长，确实有着协助班主任或辅导老师管理班级的职责，但这种职责中，服务的成分大于管理的成分，因为你的身份同样也是学生。也就是说，你和同学之间，首先是他们的同学，其次才是他们的班长。如果你在工作中，时时、处处把自己当成“干部”，经常摆出一副教训别人的派头，动不动就以学校的规章制度来压制别人，只会激起同学们的反感，不仅不会把你的话当一回事，还可能会与你针锋相对。

（4）孤军奋战，独木难支。作为班长，不能包打天下，要发挥班委会其他干部与班级全体同学的作用。因为班级是全体同学的班级，不是你一个人的家园。你在工作中，有没有经常与班委会的同学商量？遇到事情有没有听取其他同学的意见？如果你的意见能代表班级大多数同学的意见，而且能善于通过别人来表达你的意见，你就不会成为孤家寡人，也不会形成如此糟糕的局面了。

以上几点，归结起来，并不是怎样当好班长的问题，而是如何搞好人际关系的问题，也就是如何做人的问题。这里，我给您提几点建议，供你参考，相信你能联系自身的具体情况，作出正确的判断和抉择。

（1）要学会尊重别人，以平等的心态与帮助同学。尊重是良好交流与交际的前提，只有发自内心的真诚，才能换来别人的友好回报，才能赢得他们的认同与支持。即使暂时有一些误解，但事后同学们明白你是真的为大家好，他们会理解、支持你的。

（2）要强化服务意识，以自己的劳动来证明自己。班级管理是一种领导，但首先是一种服务，只有搞好服务，你才有发言的资格。为大家服务，你付出的是时间与精力，但回收的是经验与能力，还有无价的友谊。与收获相比，再辛苦也是值得的。

（3）要经常汇报工作，求得班主任或辅导员的支持。要与班主任保持联系，多请示报告，多请求支持，有了老师的协调与帮助，工作就会好做得多。但提醒一点，千万不要打“小报告”，因为你是请求老师的支持，不是要逃脱你对班级的责任。

（4）要勤于总结提高，在实践中锻炼成长。管理工作是一门艺术，不能凭着感觉来做。如果你有兴趣在管理上有所进取，那么你要抽时间多看一些理论书籍，包括管理学、组织行为学、社会学、心理学等，在实践中努力寻求理论上的支撑。

（5）如果在经过一段时间的努力之后，情况仍然没有改观，你可能就要考虑辞去班长职务，专心学习，为将来更好地发展打好基础，说不定有一天你还会走上“领导”岗位的，只不过那时候，已经是另一番心灵的境界了。

最后，我想对你说，做任何事情，失败不可怕，可怕的是被失败打倒。但从你的来信中，我能感觉到你不是一个容易被失败打倒的人，对吗？

（安徽省合肥市有张有弛心理咨询中心　陈纪纲）

32. 人际交往要主动

案例描述

来访者：老师，最近我好烦。

心理师：哦，是因为什么呢？

来访者：我们宿舍那几位都不理睬我！

心理师：是吗？你有没有想过是什么原因呢？

来访者：我也不知道啊！

心理师：你是不是把你以前在家里的为人方式也搬到宿舍里来了？比如，说话要强，遇事喜欢斗气发狠的。

来访者：没有啊，我觉得我很好的。我想和她们说话，可她们老是不看我。

心理师：哦，那你们平时是怎么生活的？能跟我说具体一点吗？

（通过近半个小时的聊天，这个大一女孩的生活表现基本上弄清楚了，这是一个没有长大的小女孩，还习惯于别人来围着自己转，在人际交往中从来不会主动，总是等着别人来找她。而且她还非常敏感，害怕别人的批评。因此，我为了让她看到自己的缺点，不得不撒了个谎——）

心理师：这位同学，老师还有点事，先下了，改天有空再聊啊。

来访者：好吧。

心理师：其实，老师并没有事情，只是想试探你一下，呵呵。

来访者：啊？你试探我什么？

心理师：同学，我发现你有一个特点。

来访者：什么？

心理师：我发现你不会说“谢谢”。作为老师，在网上免费陪你聊了半个小时，有事要离开，还主动跟你告别，但你只给我回了冷冰冰的两个字“好吧”，好像是我有事求你似的。

（看了我的消息，女孩子稍微停顿了一会儿，又发过来硬邦邦的一句——）

来访者：那我——就是这样的人！

心理师：同学，我又发现你第二个特点。

来访者：那是什么？

心理师：我发现你也不会说“对不起”。你可以观察周围的同学，那些没有感激之心的人，往往也不会向别人道歉。这样的人到哪里，都不会受到欢迎的。

（好长一段时间的沉默，看来是在思考。）

来访者：看来，我是得好好想一想了。

心理师：你想吧，想出什么来就告诉我。

（又过了会儿……）

来访者：老师，我觉得你说的是对的，那我下一步该怎么办呢？

心理师：我又发现你第三个特点：依赖性太强。（女孩发过来一个不好意思的符号）下一步怎么做，其实很简单：你不是想别人和你说话吗？你就先找人说话就是了。你不是想别人对你笑吗？你就先对别人笑就是了。

来访者：这样行吗？如果我先对她笑，她要是不睬我，怎么办?

心理师：一般情况下不会的，人都有交流的欲望。如果她要是不睬你，说明你正常，而她不正常，你就不必担心什么了。

来访者：好吧，我试试看。

心理师：行，相信你一定能成功。我们今天就到这里吧?

来访者：好的，谢谢老师。

(第二天下午，女孩子又上网发来了信息)

来访者：老师，我今天按照你讲的去做了。

心理师：很好，效果怎么样?

来访者：刚才我在网上给一些朋友发笑脸，她们也给我回笑脸，有人还说……

心理师：哦，说什么?

来访者：不好意思，有人说：咦，今天的太阳怎么从西边出来了?

心理师：哈哈，你平时老是绷着个脸，谁敢与你交流啊!

来访者：是的，以前我总是怪别人，没想到问题在自己身上。

心理师：对哦，人与人之间交流，贵在主动。别人不是你肚子里的蛔虫，怎么知道你什么时候想和人说话呢。今后知道怎么办了吧?

来访者：知道了，今后我一定要主动。哦，谢谢老师啊。

(安徽省合肥市有张有弛心理咨询中心　陈纪纲)

33. 怎样面对这样的人

来访者自述

中学有一个同学和我一块考上大学，但不在一所大学里念书，也不在一个城市。以前关系挺好，可这次寒假回家，有人告诉我她在同学面前说了我不少坏话，比方说学习吃力，与某某关系紧张之类。我觉得她太不够意思了，于是她的来信我也不理会了，我这是不是太小心眼了？怎样才能圆满地化解我们心中的矛盾呢？

心理师分析

首要的是提高自身能力。你不能容忍别人对你的不尊重，想要采取必要的方式来表示你的不满和气愤，就此而言，你对朋友表示暂时的不满是可以理解的。

另一个就是提高自我判断力；也就是说，明白怎样做才会得体、最恰当，对于老同学对你的伤害，你想表现出宽宏大量，但要她先向你认错，要不然你不会主动“屈服”的。我建议你要学会反省自我、完善自我，妥善地解决人际关系之间的“心理危机”。

还有一点，传话的这个同学所讲是否属实也是一个值得探讨的问题。或许是传话人与你那样中学时代的女同学有什么矛盾，不想你与她友好，将此话来“挑拨”，引起你的不满；或考察你对朋友忠诚到什么程度，然后传话人再决定是否与你交朋友。总之，处理这类问题要用排查法来解决，不能感情用事，也不能因为在气头上就冲动处理。

解除人与人之间的误会、消除矛盾，也许从性格这个角度出发也会有一些积极的效果。

性格可以理解为一个人的性情与做人的方式。过去在一起因为相互了解，在一起“很投缘”，关系好；后来不在一起，双方的性格都有一些变化，这是正常的事，因为一个人的性格可以因环境的改变而有所改变。双方性格都变了，所获得对方的信息自然少了，但听到一些不利于自己的负面消息时产生反感，甚至是“憎恨”对方，也可能是原因之一。

总之，要与别人改善关系，其一是看改善这种关系有没有迫切的需要；其二是寻找解决问题的“突破口”，不能千篇一律，千人一面，须具体事物具体分析、具体面对。这种思考，不但对解决人与人之间的关系有效，就是解决地区与地区、单位与单位，甚至解决国家与国家之间的各种矛盾与纠纷也有效。古代就有“小能治家，大能治国”的说法，是有一定道理的。

（吉林省长春教育学院　尹丽娜）

34. 男女关系到底是什么关系

来访者自述

我是一个爱理性思考的女大学生，请您从心理学、伦理学上来谈一下男女之间的差别与关系，谢谢。

心理师分析

男女关系实际上是一个性的差别问题，男女之间要么是平等的，要么是男尊女卑，要么是女尊男卑的。

男尊女卑是典型的男权文化的社会倾向，无论在东方还是西方，都是最为盛行的观点。在很长的一段历史时期内，这种观点被视为天经地义的，很少有人对这种观点质疑，人们很容易把男女之间生理结构上的差异当作这一观点的理论基础。

男女平等，男人能做到的事情女人同样能办到，只要给予机会，两者之间其实是没有什么差别的。女大学生在高校应该看到，男女之间在学习上、在社会活动中几乎没有什么差别，中国在国际体坛上争得世界冠军的运动员中女性还多于男性。

女尊男卑的观点是西方激进派的代表理论，这种观点认为：女性在很多方面其实比男性优越，在精神上、在肉体上都是这样；女人爱和平、不爱战争，更能适应在恶劣条件下生存，女人的适应性强，长寿者女人居多，如果女将军多一些，世界上肯定能减少或消灭战争。

中国妇女比日本、朝鲜、印度的妇女要自由得多，少一些夫权的束缚。特别是中国妇女从家庭中走出去，同样工作和参加社会各项事宜，男女不分上下，工资待遇、福利待遇、人权人格等方面都一样，这是向传统的男尊女卑观点的挑战，这些做法和社会现象有意或无意地遮盖了男女两性生理上的差别。

在男女平等这个问题上，东方人与西方人的观点也不一样。西方人把男女两性的关系视为斗争的关系；东方人则把男女两性的关系视为协调互补的关系，阴阳调和以及阴阳互补，是辩证统一，而不是对立斗争的关系。有专家认为，在男女搭配的单位上，如果比例恰当，能够提高生产率，提高工作效率。在大学里，一个专业、一个班级里，如果男女大学生比例适当，其各项工作开展顺利，人际关系也和谐。有些专业清一色的男性大学生和清一色的女性大学生，各方面的工作有一些被动，这一点我们完全可以察觉出来。

关于男女之间的关系问题，各位专家、教授因为自己所受的教育不同，自己所处的客观环境不同，研究方向不同，还有受传统的影响和接受现代信息量的多少等不同，都会表现出千差万别的思想观点，几乎人人都能谈上几点意见，只是深度和广度不同罢了。

男女之间的关系应该是一个平等互利、相互尊重、相互关心与帮助的关系。但是社会上存在的“性别刻板印象”令人吃惊。在表现智慧、力量、勇气、冒险、创造的书籍中，多以男性为主体；而要大量推销的通俗读物、广告及情感、婚姻、家庭类杂志中多以女性为主体。当男女同时出现时，前者一般是领导者和指挥者，后者则是辅助地位和配角身份。学生从教材、书籍以及这些读物中窥视到自己的定位，自然而然地去“对号入座”。

确实在人们的意识中，仍然有些“男尊女卑”的残余，要清除这些陈规陋习，可能还要一些时间来填补这种“历史沟壑”，同时也要女性迎难而上。“时代不同了，男女都一样，男性能办到的事情女性也能办到!”

（山东省中医药大学　高　鹏）

35. 女人男性化到底好不好

来访者自述

我是一个独生女，父母给我取了一个男孩名，我从小就穿男孩子的服装，与男孩子混在一起，相处得很好。我的性格与气质也与男子汉相似，看不出什么女人味。在中小学的时候我很自在，父母也很高兴。可到了大学以后，男孩子见到我是一个“假女子”，有的也疏远我。别人谈情说爱，我连一个男朋友也找不到，真有点苦恼，心里闷得慌。想找您说一说，有什么办法消除这种心理困惑吗？

心理师分析

这个问题你提得好，这是父母心理错位所致，他们想生一个男孩，你却偏偏是女孩，于是为求得心理的补偿与满足，在你身上作男孩子文章。小时候，男女在心理上是差不多的。而到了青春期以后，男孩子按男性心理发展的认识观去审视自己周围的一切，而女性心理的发展认识观是以女性心理特征为依据的，所以冲突来了，矛盾有了，这种初露端倪的势头好，有利于你自己本人来改变认识。

女性心理是随着自己性成熟时卵巢所分泌的雌性激素和孕激素以及后天环境刺激共同作用的一块“合金”，这不能被某种主观上的愿望和需要来改变。你还是要根据自身规律，再依据社会发展的规律还自己一种女儿心理，才是改变心态的唯一出路。

女人心理表现在女人味方面，这才能让充满朝气的女性永远洋溢着柔情。女人的青春只是女性人生美丽的过客，但女人心态与魅力才是上天赐予的真正礼物。你要暗示自己：我是一个女性，这是不可更改或逆转的客观事实，也是一种必然的现象。要以女性自居，要形成自己的女性特色，包括言谈举止。只有具备了女人真正的特质，才会无形中散发出女人的成熟、柔情、美丽、善良，体现女性的风度与优雅，表现出一个真正女大学生的修养。

心理学教室

来自不同文化背景的人们做起事来是不相同的，有时一方根本就不理解另一方，甚至让对方感到不舒服。种族不同、宗教信仰不同，做事想问题都大相径庭，何况男女之间呢？

人类社会中每一种角色都有自己的独特心理，科学家一般是事业型人；商人是经济型人；干部是社会型人；演员是复杂型人；等等。各种角色构成各种不同的心理，因为心理是脑的功能，人的心理是客观现实通过长期的对人的条件和非条件反射以后在人的神经系统里形成独特的反射弧，从而形成定势，这种定势就构成了各种各样的角色心理。男女两大性别，既有对立性又有统一性。

（陕西财经职业技术学院　王铁炼）

36. 苛求回报，友谊不会长存

来访者自述

我虽不是班里的干部，但我爱做好事，善于帮助人家，几乎班里每一个同学都接受过我的帮助。可有时候我有什么困难，人家就会有打折扣的时候，于是我想不通，便到您这里来咨询。请给我解释一下，行吗？

心理师分析

俗话说，“滴水之恩，涌泉相报”，“投桃报李”，说的是给予和索取之间的辩证关系。不管怎样，人是需要互相交流的，人是需要帮助的，人是需要友谊的，友谊是毕生难觅的一笔珍贵财富。

当一个人给予别人帮助，给予友情和爱情时，心中无比快乐，也是自觉自愿的。如果强调别人能给予自己等量回报时，心态马上就会变得不乐观起来，就会有自己的心思。如果把这种事声张出去，人家也会产生一种想法：某人做好事是要回报的，今后我们千万不要接受他的帮助，不和他交朋友了。这样一来，自己反而非常被动。交朋友，不是做产品，不一定要一一去对应“公平交易”，渴求回报只能导致友谊动摇或破裂。

这样的事情发生在高校校园也很好理解，目前很多独生子女在家里过着“四二一”的庭院生活，什么意思呢？

“一”代表独生子女本人；“二”代表着这个孩子的父亲和母亲；“四”代表这个孩子的外公外婆、爷爷和奶奶，也就是说家中一个独生子女同时享受着六个人的关怀与温情，时间长了，独生子女心中就形成了这样一种观念：我生来就是别人伺候我、关心我的，没有要关心别人这种理念。

也有可能来访者本身不是独生子女，而是一个比较贫困家庭中多子女兄弟的“老大”，一般这种“角色心理”有一种全局观点，喜欢照顾和关心别人，在家中习惯了，来到学校仍然保持在家的那种习惯，一个多子女家中出生的“老大”，与独生子女家中出生的“小皇帝”生活在一块，观点不一样、意识不一样、思维不一样，在行为上当然也会出现“不统一”的地方，要解决这个问题只有“两头都往中间跑”，缩短心理距离达到观念的基本一致，这样才能在行为上保持一致。

（山东省中医药大学　邵雨萌）

37. 班长怎么当才好

来访者自述

上学期，我是班长，这个学期连任，班委会有些干部不负责任，我批评了人家，人家口头上是接受了，好像心里面却并不服气，做事不卖力，所以这个学期的工作一般般，在全校评比中落后了。我很苦恼，前来请教，请给我指出一条正确的途径。

心理师分析

你所提的问题只是一个方法问题，只要用赞扬代替批评，很可能局面会焕然一新。

心理学家认为：称赞对人类的灵魂而言，就像阳光一样。因为赞扬的话，给人家一个良性的暗示，人家就会朝着良性的方向去想、去做，错误也就悄悄地没有了。还有，人都不喜欢别人批评自己，这是人维护自己尊严的一种心理需要。如果与人交往时只顾当时的脾气，对人家毫无顾忌地批评，只能招来人家的反感和怨恨。不管是谁，人人都渴望着被他人和社会承认、赏识和认同，一个人的才华与干劲，往往在批评下萎靡，而会在鼓励、激励、赞扬中绽开绚丽的花朵。

心理学教室

感动人的方法有很多，一般要根据环境、对象酌情而定，通常情况下以下四条原则是有效的。

(1) 尊重每一个人，不管对方是对是错，他（她）既然活在这个世界上就自然有其理由，有他（她）存在的道理。你不尊重他（她），对方能尊重你吗？

(2) 多讲对方的长处与优点，有时适当拔高人家也没有关系，比方某人本来是一个垃圾清扫工，你在介绍他时却说他是某高校后勤工作部的职工，他一定会感动的。中国人称“副主任”“副书记”时一般也省略那个“副”字，对方从心底里很感动，这种适当拔高并不等于给别人吹牛。

(3) 投其所好，要雪中送炭，帮助人要及时，要恰到好处，要帮在“点子”上。

（4）无论你要帮助什么人，一定要是真心实意地去自觉自愿去做，不能带有什么目的去做，看事做事，如果硬是想“种瓜得瓜、种豆得豆”，自然得不到“瓜”，也不可能得到“豆”。

（陕西财经职业技术学院　杨欢欢）

38. 怎样对付性骚扰

来访者自述

我是一名大一的女生，我们学校学生会的一名学习部长是位男生，在工作中有一定的接触，也谈得来，但我丝毫没有与他谈情说爱的意思。有一天他约我去办公室坐坐，谈完工作后他突然站了起来，用手抚摸我的头发，另一只手搭在我的肩膀上，我顿时脸红了。我不明白男女之间到底有没有友谊，我害怕，便快速离开了办公室。请老师告诉我应该怎样对待这样的事呢？

心理师分析

男女之间确实存在着“异性效应”，也就是存在着某种吸引力，愿意多一些时间相处，想要靠近一些，这也是正常的，这些不能理解为心怀不轨。但终究男女有别，在异性面前都要与之保持一定的距离，当对方有意或无意地进犯时你要有所反应，要运用各种技巧来拒绝、避开、斥责，这也是自我保护机制在头脑中的反应。

关于这个问题可与同自己的同龄人切磋，有意识地多学几招应付不测的办法，比方武术、散打、拳击等硬功夫，也许自己以后遇到此类情况时能更加自信和勇敢。今后你的路还很长，如若遇到“树欲静而风不止”的情况时，不是也可以自卫反击吗？

（山西水利职业技术学院　陈红英）

39. 犯了错得不到别人的理解怎么办

来访者自述

我是一个女大学生，曾经偷过人家一次东西，被学校保卫部调查过，事后向当事人赔礼道歉并退回了原物，我也下决心要改正。我的学习成绩挺好，也乐于帮助同学，可是同学们经常私下里议论我，总是防着我，好像与别人有点不一样。这是别人有心理防卫还是我多疑多心？请您解释一下。

心理师分析

一个人被人误解是最痛苦的事情，这样的事情又不能向大家解释清楚，你越是解释问题倒越糟糕。

“人之有欲，有欲必求”，古人这句话就是心理学所指的需要。一个人有各种各样不同的需要，有精神的、有物质的，满足各种各样的需要有各种各样不同的渠道。有一种极不正当的方式就是偷或抢，这是极不道德的，也是违反法律的行为。你曾有过一次这样的经历，这已成为历史，不要过于在意它，要彻底忘记它，好像这件事从来就没有发生过，不应该成为自己的心理负担，以后自己再也不干这种事就行了。

“外得人心之平，内得我心之安，福即在是矣。”这是郑板桥的话，意思是说：只要别人平平常常、普普通通对待我，既不好也不坏，这样我内心也很安定自然，这便是一种幸福。至于别人怎么议论你、防着你，这一点不要在意。时间是检验一个人的标尺，你真的不拿别人东西，人家在意便没有什么意义了，也没有那么多闲工夫。大学只有几年时间，毕业后大家各奔东西、天各一方，这个生活的小集体自然解体。只要自己把包袱放下来了，客观环境改变了，那什么心理负担都没有了。

人们在认识事物的问题上有这样一个误区，客观现象的快速变化引起主观认识也会随之快速变化。如果客观现象的变化呈慢速度，那主观认识的变化速度也很慢。

心理学家把青蛙从池塘里捞出来，放在一个装有热水的容器里，青蛙因水温差别大而受不了，马上拼死地蹦出容器。然而在另一个容器里的，水温与池塘里的水温是相同的，青蛙就停留在容器中了，然后在容器下面慢慢升温，青蛙也不会蹦出来，直到最后被烫死在容器里。这说明快节奏的变化能使生命体作出快速的反应，慢节奏的变化只能使生命体作出缓慢的反应，生命体不容易感知到缓慢的变化。所以你一定要有耐心，你在慢慢改变自己的个性，别人根本很难体会，你也不需要人家体会，此即谓“树正何愁月影斜”。

（湖南工业大学　陈　鹏）

40. 我是一个“假女生”

来访者自述

我是一名大学一年级的男生，过多的烦恼使我失去了青春的活力与激情。我身材不高大，性情很温和，长相也秀气，有一些男同学戏称我是“假女生”，这一称号是褒是贬，我也不清楚。我与女生进行交流也很尴尬，不知道怎样开口叫别人，不知道讲些什么话，也不知道该用怎样的表情。与学校老师和系里领导交往那是更难的题目了，我怕他们讲我是“假女生”，我该怎么办呢？怎样的模样和心态才是真正的男子汉呢？

心理师分析

现代文明已把男女差别缩小了，有很多家庭几乎没有男女差别的概念了。工作日都去工作，下班回家共同操持家务，休息日共同出去探亲访友，游览观光，在单位上男女同工同酬，大学生都是学习者、消费者，各方面都是平等的，然而你在心中老是想着不平等，有差距这样一个问题。其实呀，你只要改变一下你所认可的男子汉标准，就可以改变自我。

“我就是我”，何必自己要给自己塑造一个什么真正男子汉的面具呢？男子汉与长相无关，真正重要的是心胸气度的不同凡响。只有这种气质真正形成了，那才是真正的美。

你必须加强自信心的训练，提高自我接受和自我认同的能力，还要加强体育锻炼，让自己体态健朗。要这样暗示自己：“我就是我，走自己的路，别人不说什么更好，说就让人家随便说吧！”我们学院有一位数学老师，他在数学方面是专家，可长相不好看，有一只脚长一些，走路一拐又一拐的。他不在乎这些，人家照样尊重他，他也活得挺自在。

心理学教室

别人老是说三道四，自己就对自己施以足够肯定的自我暗示，“偷着乐”，“自己奖励自己”，每个人都有自己的长相、个性。有些是遗传基因决定的，恐怕“瞬间”改变不了；后天环境和教育后所形成的东西，可以改变，但不是一蹴而就的，也需要一个过程，这个过程就看自己怎么去认识、面对、操作罢了。

（宁夏第一工业学校心理健康中心　王纪风）

41. 怎样才能找到知心朋友

来访者自述

我是您“心理素质培养班”的一个男生，我体会不到青春期的活泼；我没有朋友，更没有知心朋友。古人说“得天下一知己者足矣”，这“一”真的难寻啊！您教我一些方法，好吗?

心理师分析

我很理解你的心情，我可以告诉你一些方法，这不一定“灵”，关键看你如何运用。

（1）不要太依赖他人

你可能是独生子，独生子本来就有任性、固执、自私这些“天然弊端”，这些是社会使然，不是你自己的“过错”。要交朋友，首先，要多为他人着想，不要时时想占别人便宜，要依赖自己的能耐而生存，不要靠别人的施舍而生活，信奉古人倡导的“君子之交淡如水”，有礼貌又有尊严，适当地利用一些非语言信息来表达自己的情感，对人说话时表达要清晰准确，不要用感情太强烈的词语，容易让对方接受你的爱、你的尊重与关心等。

（2）多与人交流

一种信息、一种经验、一个教训在自己的头脑里它的系数是“一”，而经常与人交换信息，总结经验，又谈教训，那系数就是一个超过“一”的“N”系数，再与其他条件结合，就是成功的基础、胜利的源泉。别人如果从你处得到某种信息和经验，受了益以后自然会与你交朋友，自然会与你友好。刘备在临死之前曾寄语儿子刘禅道：“勿以善小而不为，勿以恶小而为之，惟德惟才，能服于人。”意思是说，坏事再小也不要去做，小时偷针，大来偷金。对别人、对社会有益的事再小也要去做，像雷锋同志一样，“出差一千里，好事做了一火车”。不管哪个朝代，哪个时期，品德高尚又有才能的人是令人折服的。

以上所述简单明了，望你能记住。

心理学教室

在心理疏导工作室里，此类问题真的很多，其主要原因可能是主观依赖于客观太多，意思是说人都想得到别人“廉价”的帮助和关爱，自己却没有在一定的时机用同样的方式去关爱和帮助他人。整个宇宙和自然界都讲究一个相对平衡，如果自己不去想办法保持这种平衡，那么就可能会失衡，这样“找不到朋友”的感觉便会滋生。

（湖南工业大学　陈　鹏）

42. 如何运用和表现自己的聪明

来访者自述

在我生活的周围，有些聪明的人生活得并不愉快，他们心中的痛苦比智力平平者要多一些，有些聪明者被别人驱逐出朋友圈子，反而获得“虎落平阳被犬欺，龙游浅海遭虾戏”的结局。这里有一个运用技巧的问题，您能否给我们作一些介绍？

心理师分析

“大智若愚，大勇若怯”，在日常生活中，许多真正有本事的人，平常看起来却像一个呆子，并不出奇也不出众；真正勇敢的人看上去也许有点怯懦的感觉，不自作聪明，也不自作主张；有些人虽然能言善辩，却因不得要领不见得业绩辉煌、事事如意。一个人不管是身居高位，还是处于中间，锋芒不可毕露。有才华固然很好，但在合适的时机再去运用而不被或少被人嫉妒，尽量不要功高盖主，这才是真正的智慧，这种才华对国家、对个人才有真正的用处。

有些人锋芒毕露、炫才扬己，易于遭到别人的嫉妒和非议，甚至引来杀身之祸，历史和现实生活足以证明这一点。

有的人说话时喜欢驳得大家体无完肤、无地自容，当时他是赢家，不过他却种下了祸根。所以任何人都要懂得适可而止，有所节制，该出手时便出手，该避风时就避风，不可有多少聪明就一定要表现出来，也不可有多少光和热就释放多少。

心理学教室

有些人有嫉妒之心，生怕别人超过了自己，如果发现有谁比自己强，就会要把人家先“打下去”。

嫉妒是常见的社会心理现象，谁有了这种心理，不但害了别人，同时也害了自己。伤害程度是双向的，甚至是多向的，产生诸多方面的负面效果。

嫉妒心理不仅恶化人际关系，破坏工作和生活，也使被嫉妒者蒙受巨大的心理压力和精神痛苦。

有嫉妒心理的人长期陷入强烈的动机冲突之中，既想攻击、陷害、打击人家，又害怕别人察觉自己在捣鬼。所以要绕很多弯子，就是要要很多的花招。有时花招不灵验，又要换新花招，见别人比自己强，不是去认真学，而是用卑劣的手段去贬低人家。当嫉妒者的言论、窥视和攻击行为败露以后，又怕被别人看透，陷入孤立，甚至导致精神失常。一般来说，有这类妒忌心理的人要去请教心理专家，要不然既害人又害己。

（广西警官高等专科学校　韦志兆）

43. 怎样才能获得友谊

来访者自述

我有许多朋友，有过去中学时代的，也有大学阶段的，本班本专业有，外班其他专业的也有，有同性的，也有异性的。现在我有一些假设，请你分析后给予指导：

假设在周末，有几个朋友约了去参加聚会，后来急事发生不能按期赴约怎么办？是失约干脆不去，还是为了不失信任不顾急事，勉强应付？或是通知朋友改期，以后再聚？或者选择打电话说明情况解释一下，朋友聚会如期举行，我的急事照办不误？

心理师分析

我很佩服你结交了很多朋友，因为“朋友多了路好走”。

友谊是人与人之间一种美好亲密的感情，也是一种人际关系的体现。友谊的培植与发展不仅需要通过交往，而且要通过交友的准则来巩固、加深。

友谊必须以真诚去播种，用热情去浇灌，用原则去培养，用谅解去护理。

你的第一种做法会失信于朋友，可能会让人家久久白等，感到不安，大家不悦；第二种做法也不见得好，因为你有急事在身，自己心理不平衡，急事也不能处理妥当；第三种和第四种做法可能会令朋友扫兴，但不失信，自己和朋友都安心坦然，各行其道。

下面补充讲一下交友原则：

（1）志趣相投是交往和发展友情的基础；

（2）坚持原则而不搞江湖义气；

（3）热爱生活、乐观向上是人际关系的吸引力；

（4）以心换心，理解是春风，理解是力量，在理解中巩固友情；

（5）不断创新，努力增加自身的人格魅力。

心理学教室

以上几种假设都是解决日常生活中的“矛盾”，矛盾是客观存在于事物之中的既对立又统一的现象。有时一个事物的存在往往与另一个事物的存在互为前提条件，一个事物消失了，而与之相对应的另一个事物也不存在了。在处理纷繁复杂的矛盾中，最核心的问题是抓住当前的主要矛盾，解决主要矛盾；主要矛盾解决了，次要矛盾自然会迎刃而解。在具体事物当中，什么是主要矛盾，什么是次要矛盾，那就要自己去定夺和区分了。

（福建省龙岩学院人文与教育学院　郑先如）

44. 我为什么总是不快乐

来访者自述

我是大一的女孩，我感觉我总是不受欢迎似的，没有一个亲近的朋友，看到别人总是很开心的样子，我很难融入其中，即使融入了也觉得快乐不起来。我渴望重新塑造自我，这些天来我也在努力，可是一切依旧。老师，您能帮助我吗？我真的万分感谢您！

心理师分析

你自己在为快乐、自由、幸福作顽强的斗争，斗争的对象不是别人，恰恰是自己，这是心理治疗中最常见的问题。我可以告诉你，高校里的大学生，很多都有社会适应不良的痛苦，即使你看到的那些高高兴兴的人，他们中的许多人在内心也曾经或依然有着与你一样的感受，所不同的是，你可能尤其注意自己的这些感受和体验。

要想去掉内心的痛苦，不是用“冥思苦想”来战胜自卑情绪，而是要有某种行动，很可能你以前缺乏的就是行动，有一点是难能可贵的，那就是要重新塑造自我，这是一种非常可贵的动力，因为在这个猛烈的心理欲望里边隐藏着你行动的导向力量，也就是行为动机。

首先自己给自己来一个心理定位，把自己看作一个自由的人，一个可以学习而且能够学好的人（事实也是如此)，不管干什么，先不要给自己来一个不良的自我暗示，这事能成功吗？这有可能吗？我与别人交朋友他（她）会接纳我吗？这样心理动力减弱或消失，便不会产生行为动机，这等于自己限制了自己，作茧自缚，成为社会适应的障碍。这是主观的心理适应障碍，内心这么一定，妨碍了一切行为的产生，留给自己的自然是没有快乐、没有朋友。

还有一点特别重要，自己“打败”了自己以后，要冷静地确定行为目标，并用清晰的语言写下来，把这些词语和句子贴到你每天能看到的地方，如写字台前、日记本的封面上，有些目标是保密性很强的内容，则每天睡觉之前反复默念几遍或写在日记本中去。可以设计自己未来的形象，同时展开丰富的想象，让一个个未来美好的憧憬在心中升起来。然后你自己再按照自己的新形象去进一步精明地设计你的行动，人的心理支配着行为，这是正常人的基本心理特征。一个人如果行为不受自己的心理支配了，那可能是失常了，失常是必须要到精神病专科医院去救治的。既然一个人的心理支配着行为，行为也会不断地改造着人们的心理。这正与生产力决定生产关系，生产关系反作用于生产力；经济基础决定上层建筑，上层建筑又反作用于经济基础的哲理是一样的。因为心理学的上位科学是哲学加医学。

最后还要强调一点，不管干什么，都是万事开头难，“千里之行，始于足下”，只有你有所行动，你才会真正地发现自己、了解自己。心理是一个谜，人的潜能和力量是无与伦比的，你用行动去实践它，这样自己在行动的过程中自然会有无穷的乐趣，拥有许许多多的朋友。

心理学教室

快乐不快乐没有一个明显的分界线，同一件事物，有些人喜欢，感到快乐；有些人不喜欢，感到不快乐。同一个人，有些愿意与“他”交往，而另外一些人却敬而远之。心理学家曾经拿着一条红围巾向三个人展出以后分别同时要求用书面形式写出内心的感受，其结果三个人就三种不同的感受：有一个刚升职的成功人士看到红色，感到自己前途命运非常好，感到很快乐；另外一个曾被火烫伤，看到红色就恐惧、害怕，当然不快乐了；最后一个因车祸流了很多血，看到红色就与绝望联系在一起。总之，一个人的内心感受确实是一个非常复杂又很微妙的问题，而心理咨询师就是力求把复杂化为简单，把痛苦化为快乐。

（湖南工业大学　陈　鹏）

45. 真心付出换来恶意回报

来访者自述

我是一名大一女生，初来学校可能是由于性格外向、好强等方面的原因，当了班上的干部，为学校向同学们付出了很多，这并不是我个人瞎吹，这是大家有目共睹的事实。但最近所发生的一件事令我难以接受。我出身于一个知识分子家庭，父母总是让我要求进步，要求自己成为学校第一批党员，最近申请书交了，入党积极分子培训班也参加了，但听辅导员讲，同寝室里和本班同学有很大意见，要接受组织考验。在辅导员面前我装着无事一般，点头应允；回到寝室以后大哭了一场。我想为什么我对同学们那么好，人家在关键时刻不是帮我一把，反而嫉妒挑毛病，技巧还这么高明，不直接与我交锋，搞到老师那儿去了。恩将仇报，不该不该！

心理师分析

你的问题好像是一个行政上面的思想问题，其实是一个心理学的问题。我从两个方面给你分析：第一是人际关系中的竞争问题，第二是嫉妒问题。

（1）人际关系中的竞争问题

所谓人际关系就是人与人之间相处的各种复杂微妙的相互关系。人们之间的接近与疏远的动因是情感和利益的冲突来推进或削弱的。你要求入党，积极上进是好的，你也注意到达到目的必须要搞好人际关系，为别人付出很多，得到别人的支持与赞扬。为入党铺路搭桥，可能在行为表现方式上外显明朗化，人家看得出你的行为动机，入党指标有限，大家都想争取，别人也在暗暗地与你竞争。你可能没有察觉出来，只顾干你的工作。其实啊，提你意见的人、说你“坏话”的人不是很遥远的人，而是与你工作上有密切关系的人，也就是竞争对手。现在你应该高姿态，真正以党章党纲为指南，其一是不要把思想顾虑与包袱放在脸上，还是与过去一样干你的工作，真正接受党组织和群众的“考验”；其二对估计“讲坏话”的对象一如既往地去关心、爱护、帮助。这不是命运规定了你要宽宏大量，而是你自己选定要入党这个目标的本质属性使然，所以你应心甘情愿地去印证自己的誓言，使对方心服口服，再不去给你增添麻烦，打你的“小报告”。前面坦途通了，自己心理障碍也没有了，何愁理想不能变成现实！

（2）嫉妒问题

所谓嫉妒就是他人的才能、地位强于自己时引起的愤恨。从心理学的角度而言，嫉妒是对自己各种不公平的担心，担心失去或可能失去某种东西而被对方所有。嫉妒是大学生中人际交往当中的一个最大障碍，它影响同学们之间的团结与友谊。嫉妒者往往要看到对方失败和倒霉才罢手，才感到“心情愉快”。为了实现这一目的，嫉妒者往往要想尽千方百计，编造谎言来诋毁对方，待对方“跌倒”时不是扶起相助，而是落井下石，从而造成嫉妒者与被嫉妒者之间关系紧张。嫉妒阻碍个人的成长与进步，危害心理健康。嫉妒者本人不是主动地去力求上进，也不是想在公平公正的环境与条件下去竞争，而是在显微镜下看别人的缺点和短处，用望远镜去观察人家的一举一动，看到对方的举动只要对自己有可能带来不利的情况之下就开始实施嫉妒方案。嫉妒的心理状态是看到别人成功，他内心就痛苦；看到别人失败，他就快乐。嫉妒别人者由于自己心理长期处于不平衡状态，体内的内分泌功能紊乱，肠胃功能失调导致神经衰弱，引发胃病、腰背痛等疾病，影响学业。

由于嫉妒是一种心理障碍，它不外显而内藏，内心极为矛盾，内部斗争异常激烈。既想指责攻击某一个特定对象，又害怕别人察觉自己的真实内心，极力藏起自己的“狐狸尾巴”，掩盖自己言行，又不愿意通过努力而去赶超别人，公开表示嫉妒又有这样那样的顾虑，这种心理的极度不平衡只有自己才真正知道。内心的不满与愤慨，始终无法向别人宣泄，一得到缓解与消除，又因它的负面落后本质属性不能升华成为行动动机，不去实施又达不到嫉妒的目的，所以只能在人群中钻来钻去，这里放一冷枪，那里打一哑炮，窥视、转弯抹角地攻击，有些别人已经察觉，从而威信下降，在群体中由优势渐渐地转为劣势。

嫉妒是健康的大敌，总是嫉妒人家者心情郁闷、血压升高、溃痛、头痛、胃痛、失眠多梦、烦躁和行为失常，有鬼鬼祟祟之嫌疑；嫉妒导致心理异常或变态，产生自愧、自罪、自负、自弃心理。如果不及时主动放弃嫉妒人家的念头或进行必要的心理治疗，有可能会发展成为反社会型变态人格，表现为社会适应不良、极端自私、强烈的个人中心主义、冷酷无情、无视社会规范、言行不考虑后果等。

生气是用别人的错误惩罚自己，嫉妒是用别人的优点来折磨自己。为了防止自己去嫉妒他人，我把克服和消除嫉妒心理的方法也告诉你，这也是一种防守武器。

第一是经常要自我反省，自我观察，自己是不是有嫉妒人家的思想苗头，如果发现那就要及时提醒自己，嫉妒心理的危害性是很大的，要自觉地控制与消除。

第二是要暂时停止与人进行比较，以摆脱嫉妒情绪的消极影响，以求得自己心境的平和冷静，这有利于能够去发挥自己的潜能、长处与优势。

第三是要正确对待比自己强的人。事实上，一个人会不自觉地去与人家进行横向比较，要客观地看待自己的竞争对手，要有勇气去承认自己的竞争对手的确有不少优点和长处，要见贤思齐。这才是积极、上进、健康的心理。

第四要善于发现自己的不足与短处。这并不等于自己与世无争或放弃斗争，竞争和斗争是公开的，是明摆着的一种社会进步机制，而嫉妒是一种以暗地里去中伤和破坏为主要手段而获胜，满足自己的心理需要。只有积极健康的上进心才能推动人去进行积极的竞争，才有虚心学习他人的决心与勇气，这样会形成赶超别人的信心与毅力，这样才能成为一个真正的强者。

继续努力吧，公平公正的天平会摆在你面前的。

心理学教室

遇到一点点小事就苦恼，甚至耿耿于怀搁浅不下，造成自卑与抑郁，这一点也不值得！遇事想开点，不就没事了吗？山外青山楼外楼嘛！有心理障碍的人都有一点钻牛角尖，抓其一点，不及其余。有些看似消极的自我安慰，实际也并非自欺欺人。一个健康心理的人是长期与自己和他人亚健康心理进行斗争后形成的，达到一定程度之后就会形成一种免疫力，自觉抵制亚健康心理的入侵。

（广西财经学院心理咨询中心　李星华）

46. “本地通”的优与劣

来访者自述

我是一个外向型女孩，进入高校交了不少的好朋友，别人也愿意与我交朋友，特别是外省（市）的同学。这里有一个秘密，我是本市人，外出办事买东西用方言与别人交谈，吃不了亏的，而外省市学生上街游览等总喜欢与我在一起，他们要我当“翻译”或者是“总代理”。这是好事，这些朋友很多是学习上和政治上都表现很突出的优秀分子，而我除了“本地通”的优势外，其他都比不上人家。我听老师的话，从不去嫉妒别人的长处优点，但和他们相比总觉得矮人一截，有点自卑。这种心理该怎么调整？

心理师分析

你是“本地通”，在学生群体中有优势，能够轻而易举地得到“翻译”和“总代理”的美称，你还有一定的外交才能吸引许多优秀分子在你身边。

你的心理也很健康，见别人比自己强而不去嫉妒别人，这些都是你的闪光之处。

在心理上，如果你急于使自己变得完美无缺，要求自己成为一个“在各方面都很优秀”的人，在短期内要实现这个目标好像不太现实，这不值得自卑，人与人之间是有差别的，不是恒等式，也不是全等图形，每个人都有自己的优点与缺点，即使是伟人、名人也不例外。当我们把自己的优点看得多一些就会感到自信，把自己的缺点看得多一些就会自卑。

心理治疗的宗旨是要用行动去表现自己各方面的优点，增强自信。其实别人也有缺点和短处，为什么那么多优秀人才愿意与你交朋友，这是人际关系中强烈的互补性。唯一的办法你与这群优秀分子打交道时，要虚心学习他们的长处，不知不觉你也与别人并驾齐驱了，那自卑感会自然地消除。

优与劣是相对的，任何事物的发展变化都要受时间、地点等条件的限制，没有绝对的“优”，也没有绝对的“劣”，把真理绝对化，追求绝对公平、完美，这样思考问题的人和以偏概全的人一样很容易出现心理障碍。解决的办法是倡导相对论，摈弃绝对化。要学会在危机中看到发展机遇，在痛苦中体验快乐，在领悟中得到提高。如果有了这种哲学观念，就能找到社会和家庭中的公平与自由，但公平与自由永远是相对的，差别不能消灭，但可以转化，我们在接受公平和自由的同时也要学会接受暂时的不公平和不自由，这才是宽广大度的气概。暂时接受并不等于永远接受，暂时接受是为了获得更大更多的公平与自由。

（福建省闽西职业技术学院　江强民）

47. 长期与人顶牛怎么办

来访者自述

我是一个学生会干部。有这样一位男同学长期与人冲突，不赢不罢休。父亲说了他，以死相吓，父母只好让着他。他不守纪律，上课吵闹，开始老师批评一下子，后来“秀才碰到兵，有理说不清”，老师也不管了，同学们都不理睬他，于是他就用打坏门窗的破坏手段来发泄心中的不满……这是不是心理有问题？

心理师分析

你所说的那位同学可能从小被父母溺爱，以自我为中心，家中“小皇帝”一个，只有别人顺从才能适应，如果谁有反抗情绪，就要与谁抗争到底。这种人往往将老师、同学、朋友的批评、帮助等理解为与自己过不去，认为周围的人都在轻视自己，伤害自己，与自己作对，因此极为不满，对学校的规定、老师的教诲、同学的劝告置若惘然，甚至极力报复、破坏。这种有严重冲突倾向的性格缺陷者如果不及时矫正，很容易发展成为人格障碍，形成反社会型人格，还可能引起各种其他身心疾病。我认为这样的人的偏执型性格起源于以下几个方面：

（1）家庭教育方式不当

孩子不懂事，有的父母为了满足孩子的某些不合理要求，迁就退让，只要孩子不吵就行，这样就渐渐滋长了孩子的“我的要求必须得到满足”这样一种畸形心理，本来这是一种不正常的心理需要，而孩子认为这是合乎自身需要的“合理化需要”。在“合理化需要”的动力驱使下再向父母提出更高更苛刻的要求，把这种要求再次作为检验自己“合理化要求”的指标，如果父母屈从，就更强化了这种心理认知，然后形成思维定势性的动力定型格局，有时甚至进入潜意识领域，作为支配自己思维、说话和行为的“标准化”导向。

（2）社会的姑息强化了偏执型的畸形心理

目前老师和家长并不个个懂得心理学知识，也不是人人都用心理学原理来科学育儿，不理解孩子的心理需要，也不能正确对待孩子所犯的错误，甚至可能认为孩子还小，不懂事，长大了自然会好的，会改正这些习惯，所以处理问题也很简单，就是达到了犯罪的程度，16 岁以下的孩子也是重教育轻处罚。这样一而再、再而三得不到矫正，矛盾和冲突将会激化。有些老师和家长甚至还会放纵孩子，反却表扬是坚强、勇敢、不屈不挠，是一种英雄的行为。

（3）不良认知导致偏执型性格向负面效应拓展

这种人由于社会迁就，父母老师姑息，自己在物质上能够得到若干好处，很实惠，而且在心理上自己是一个“常胜将军”，于是形成了“丰富经验”，一遇到类似情况，马上条件反射，始终信奉“软的怕硬的，硬的怕横的，横的怕不要命的”，这样可以百战不殆。

作为一个教育心理工作者，光分析还不够，我们应本着从实际出发，又不能脱离教育科学这根弦，来为这类孩子排忧解难，消除这方面的心理障碍，使他们回到正常心理的行列中来。建议这样做：

①首先要纠正不良的认知

不管是谁，都不能独立生活，只有在社会人群中才能充分施展才华，自己的聪明才智也才能得到社会的承认。人与人之间交往，需要一种准则，这种准则一般用道德与法律两把尺子来衡量。在社会生活中处处与人发生冲突对自己极为不利，但这种认识与自己的“对抗可以满足自己的各种需要”的经验有悖，能带来若干痛苦，给社会造成危害，挫伤他人情感，严重影响人际关系，还使自己陷入孤立无援的境地，造成严重的身心伤害。只要认知改变了，那行为动机就会冲淡，那日积月累所形成的思维习惯也会改变，这是治疗冲突的一个环节。

②请求心理帮教，重塑行为

这一点是心理治疗中的行为疗法和系统脱敏疗法中的内容，只有受过专门训练的心理工作者才能胜任，请有冲突的同学找心理医生或指导老师按科学程度实施才能产生作用，如果盲从胡来只能造成冲突的加剧。

你是一个好干部，以上回复供你在工作中参考。

心理学教室

从心理学理论出发，一个人在人群中不肯服输，用“顶牛”的方式获得人家的尊重，赢得自己的自尊，捍卫自己的尊严，其出发点是好的，但操作方法不妥。如果不分场合，不分对象，长期与人顶牛，换来的只是“群牛”顶你，真的这样的话谁都受不了。这是一个不合理的信念，应该尽快找心理专家给予帮教。

（江苏无锡商业职业技术学院　董冉功）

四、学习与学习心理

48. 人生的蓝图完全靠自己去绘制

来访者自述

我喜欢绘画，正因为这个才考上这所大学，因为艺术能陪伴一个人到永远，再加上艺术无止境。可我爸爸是一个律师，他硬要我转到法律系去，将来毕业之后也和他一样，当一个律师。这事让我好为难，您能给我排忧解难吗？

心理师分析

这个问题很简单，一个人的前途和命运完全掌握在自己的手中，自己才是自己的设计师。在部队里面，一个人的前途与命运由别人设计，只能按首长的命令行事，服从命令是军人的天职，而你的情况与军人还是不一样的。

你学的是艺术，要靠自己去反复雕琢，揣摩思维，创造新的艺术形象。一个人如果按别人设计的路去走，只可能平淡无奇，但还是稳定，生活有保障。毛泽东主席在十七岁离开韶山时曾给父亲写了一首诗：

孩儿立志出乡关，学不成名誓不还。

埋骨何须桑梓地，人生无处不青山。

这样一走，阔别家乡三十二年之后回到韶山，写下了著名的《七律·到韶山》的诗篇：

别梦依稀咒逝川，故园三十二年前。
红旗卷起农奴戟，黑手高悬霸主鞭。
为有牺牲多壮志，敢教日月换新天。
喜看稻菽千重浪，遍地英雄下夕烟。

说到此，你是听父亲的安排还是自己做主？人生的蓝图只有靠自己去绘制才能得心应手，也就辉煌。这个问题还可以向其他长辈和老师请教，最后自己裁定。

心理学教室

1871 年，英国蒙特瑞综合医学院的医科学生威廉·奥斯勒的生活中充满了忧虑，他担心怎样通过期末考试，担心该做些什么事情、到哪里去、怎样才能开业、怎样才能生活时，在图书馆里找到了一本书，在这本书里找到了一句最经典的话："最重要的就是不去看远方模糊的，而要做手边清楚的事。"这句话激励他成为世界著名的医学家。

这句话还告诉人们一个哲理：为明日准备的最好礼物就是要集中自己的所有智慧、所有精力，把今天的工作做好，这就是你能应付未来的有效方法。

（湖南工业大学　陈　鹏）

49. 不想读书怎么办

来访者自述

我从小就是一个内向的女孩子，加上性格软弱，还经常受人欺负。进入大学以后，不知什么原因，我对读书已不再有往日的兴趣了，坐在书桌边也不想看书，听课也容易忘记，生活上也是没精打采的。这应该怎么办?

心理师分析

你是一个性格内向的女大学生，能考上大学，说明你的学习成绩是过硬的，很可能在中学阶段读书拼命，没有很好地讲究学习方法，长期疲劳，导致对读书不感兴趣。我估计可能是这个原因。

学习疲劳发生时首先表现在高级神经活动方面的障碍，特别是第二信号系统的活动（语言、文字、图表、符号），其生理机制是大脑的优势兴奋灶兴奋性的降低，对周围皮质区的抑制解除。其特点是兴奋过程或抑制过程受到阻碍。抑制过程是指条件刺激不被强化或它与非条件刺激的作用时间关系不适当时所引起的抑制，发生在原先曾引起兴奋过程的同一大脑皮质区内，它使人们在众多的条件刺激中只选择有意义的才做出反应。随着疲劳的加深，大脑皮质的保护性抑制加深和扩散，特点是兴奋过程减弱，不但学习中的错误增多，而且工作速度也减慢，这时要暂时转入休息。

你要回忆和总结一下，进入大学以后有什么心理创伤，有什么不良的习惯，一时不能解决问题时要提高认识能力，正确对待，坚信暂时的学习疲劳是可以解轻的。

要树立乐观的精神状态，及时消除任何紧张情绪及思想顾虑，妥善地安排好自己的学习、生活和工作。要特别注重将体力劳动与脑力劳动相结合，劳逸结合，坚持锻炼身体。脑子疲劳、不好使时是一个人的认识问题，有时可能是兴趣问题，有时可能是情绪问题，有时也可能是由于某器质性的问题引起。建议调节情绪，提高对自己专业的兴趣，在认识上来一个转弯。如果这些还不行，则要去医院作生理方面的检查，如果没有什么器质方面的病变，那就要去请教心理医生了。

（吉林省长春教育学院　杨晓霞）

50. 种瓜不能得瓜，种豆不能得豆

来访者自述

我在中学时品学兼优，每门功课都是优秀，从来没有不及格现象，可是到了大学以后，第一个学期就出现了一门功课不及格，下学期要补考。其实我读书非常用功，大学时还是那样，就是效果不尽如人意，感觉受到很大的打击，有严重的挫折感。请老师帮助我一下吧，使我走出迷惘、走出困惑吧！

心理师分析

你的问题是学习方面遇到的一个小小的挫折，这并不要紧，只要懂得一些道理之后自然而然地会进行自动调节，直到消除挫折感为止。

所谓挫折是在某种需要的驱使下，在实现目标的过程中，遇到一些无法克服或自以为无法克服的障碍和干扰，使其动机不能实现，需要得不到满足心理所产生的紧张情绪状态。

在人们日常生活中，挫折和困难是推动人们前进的一种力量。有时候，一个人困难与挫折出现得早，在懂得了某个道理，克服、战胜了它以后路反而还走得平稳一些；如果前面顺境太多，其后面可能摔得很惨。讲到此，我突然想到“温水煮青蛙”的故事。

19 世纪，美国康奈尔大学做过一次很有名的青蛙实验。实验者把一只活蹦乱跳的青蛙突然丢进很烫的热水锅中，在那千钧一发的生死关头，青蛙为了生存的需要，刹那间用尽全力，一下子跃出了热水锅，蹦到锅外的地面上，安全逃生。半个小时之后，实验者把热水倒掉，放入冷水，重新把那只青蛙放入冷水锅里，然后慢慢地在锅底加热，青蛙在水中悠然地享受着水中的温暖，直到它感觉温度慢慢提高了，熬不住了，必须逃生时，却无力跳出来，试了许多个回合均没有成功，这时乏力的青蛙只好在这热水锅里坐以待毙了，最后葬身于这个热水锅中。

你暂时只有一门不及格，感到有点危机，这不要紧，也许在学习方法上要检查一下，大学的学习与中学有明显的不同，很有可能是方法不对头，使你落下一门功课。至于学习方法问题，大学与中学有什么不同，应该怎样克服等，那又是另外一个问题，以后有机会再给你阐述。

心理学教室

一般来说，心理没有了过重的负担，身心愉悦，活得开心，学习成绩才会呈直线上升。大学生不良心理是由多方面原因决定的，可以采用以下方法来预防。

（1）尽快进入角色，熟悉生活，提高自身适应能力；

（2）培养健康心理，提高学习效率；

（3）克服学习中的过度焦虑心理，多做一些放松训练，在轻松中学习；

（4）预防学习疲劳的到来，力争在精神状态极佳的情绪中完成学习任务；

（5）正确对待考试，提高应试技巧。

在学习中如果遇到暂时性的上浮和滑坡现象，这也是正常的，不要过于计较。

（吉林省长春教育学院　尹丽娜）

51. 出现学习疲劳时怎么办

来访者自述

近来我自己感觉到学习不能持久，容易打瞌睡，感到特别疲劳。有这种现象的也并非我一个，还有其他的同学也是这样。大家推举我来向您请教：学习疲劳是怎么一回事？怎么消除呢？

心理师分析

学习疲劳是在学习过程中出现学校效率逐渐降低并伴有渴望停止学习活动的生理和心理现象，出现学习错误增多、学习效率降低、生理失去平衡等。大学生学习疲劳主要分为生理疲劳和心理疲劳两种。

（1）生理疲劳。大学的学习内容多、难度大、要求高，有的大学生每天学习时间长达十几个小时，特别是临考前，突击复习、通宵达旦，产生一系列的不良反应，如头、颈、臂、背等部位的肌肉产生痉挛、麻木、酸胀、疼痛等现象，四肢动作不准确，眼球发疼、头晕目眩、无精打采、瞌睡不断等。

（2）心理疲劳。心理疲劳一般是由于长时间从事心智活动，大脑未得到休息而引起的。特征是感觉活动器官功能下降，注意力涣散、思维迟钝、记忆力下降、失眠、情绪躁动、忧郁、易怒、学习效率下降。缺乏必要的休息与调适时，大脑皮质兴奋区域的代谢逐步提高，消耗过程超过恢复过程，脑细胞处于抑制状态，出现疲劳。大学生在学习中，心理疲劳是主要的。

学习疲劳是一种自我保护性机制，经过适当的休息即可得到恢复，对大学生的身心发展不会造成什么影响。但若长期处于疲劳状态，勉强让大脑有关部位继续保持兴奋，就会导致大脑兴奋和抑制过程失调，严重的还会引起神经衰弱。

造成大学生学习疲劳的主要原因有：学习时间长，不注意劳逸结合；学习内容难度太大；睡眠时间不足等。

调适方法：

（1）善于科学用脑。现代科学研究揭示人的大脑两半球具有不同的功能：大脑的左半球与逻辑思维有关，主管智力活动的计算、语言、逻辑、书写及其他类似的活动；大脑的右半球与形象思维有关，主管想象、视觉、音乐、韵律、幻想及其他类似的活动。如果一个人长时间地运用一侧大脑半球，则相对地容易产生疲劳。因此，应根据大脑两半球的不同分工科学用脑，如在从事计算、语言、逻辑、书写等活动时穿插娱乐、体操、绘画等活动，消除疲劳。

（2）注意劳逸结合，保证充分的睡眠时间。“一张一弛”是文武之道，学习一定时间后，就应休息片刻或改做其他事情。

另外，每一天还应保证充分的睡眠时间，因为“睡眠是最好的休息”，酣睡醒来，头脑清醒，精神振奋，疲劳烟消云散。一般认为，对大学生而言，每天至少要保证 7～8 小时的睡眠时间。当然，个体差异可视具体情况而定。

（3）遵循人体生物钟规律。根据科学家的研究，人在一天中，上午 7～10 点能量逐渐上升，10 点左右精力充沛，处于最佳工作和学习状态，之后趋于下降；下午 3 点精力再度上升，到晚上 9 点又达到峰值；11 点过后便又急剧下降。

现实中，不同人的最佳学习时间分配也有一定的差异，大学生可在自己的“黄金时间”段安排从事自己感兴趣或难度较大的课程的学习，这样也可避免疲劳的出现。

（4）创造良好的学习环境。学习环境尽量布置得干净整洁，使人心情舒畅。不在有刺耳噪声的地方学习，避免心烦意乱，焦虑不安；不在光线过强或过暗的地方学习，避免头晕目眩、出现视觉疲劳。

心理学教室

学习疲劳产生的原因很多，最主要的还是以下两个方面：

（1）生理发展水平的差异导致学习疲劳。个体生理发展的水平高低对学习有很大的作用，有些人本来就不适合学习，只适合一些技术性的工作；有一些人适合做一些技量性的工作，比方搞音乐、体育、艺术方面的大学生，在其专业方面很有天赋，在文化知识方面上不去。这可能是由先天生理发展水平导致学习疲劳。

（2）心理发展水平的调节机制不理想也是导致学习疲劳的原因。有些大学生心理特质不同于其他人，导致疲劳早早到来。有些人的有意注意时间很短，学习不到十几分钟就注意力分散，把有意注意转移到无意注意之中去了，如果再强行用意志力量再次集中注意力，由于心理的自我保护机制的参与，学习疲劳迅速到来，学习将被迫中断。

（山东省中医药大学　李军海）

52. “注意力不集中”怎么办

来访者自述

最近，我发现自己上课走神，还有上网做其他事情也有类似现象。我估计是有点什么心理偏差或障碍什么的，所以鼓起勇气前来咨询。您说说这其中是什么道理，好吗？我该怎么办才好？

心理师分析

你讲的很可能是注意力的分散，或叫注意力不集中。人与人之间的注意力保持时间是不等值的，一般小孩的注意力持续时间最短，有时甚至只有几分钟。到中学或大学阶段，一个人保持最佳注意力的时间也只有几十分钟，每隔40～50分钟要下课休息片刻便是这个道理。如果是娱乐活动或观看电影电视、文艺晚会、体育比赛等，有时坚持几个小时也可以，这是因为观看之后头脑基本上没有要保存（记忆）的任务。像上网，注意力高度集中几个小时或更长时间，指向性和集中性太强，用脑过度或超极限，很容易导致精神衰弱，需经过很长一段时间的休整或调节才能恢复。

注意是指心理活动指向和集中于一定的对象。如学生在听课时，心理活动就指向和集中老师的讲述；老师的心理活动就指向和集中于学生和所讲述的有关内容。

注意本身并不是一种独立的心理过程，它是和感觉、知觉、记忆、思维、想象等心理过程同时产生的。

注意是获取知识的“门户”，如果没有了注意，知识的阳光就照射不进来，所以注意是非常重要的学习心理因素，也是其他心理活动必不可少的“伴侣”。

在大量的心理咨询和治疗案例中，大学生反映注意力很难集中。注意力不集中的原因是极其复杂的，除了一些客观原因之外，更重要的来自于学生本身的主观因素，归纳起来大致有以下 4 种情况。

（1）对注意力在学习活动过程中的重要作用认识不足，缺少集中注意力的自觉性。个别大学生边听课边看其他书籍，做其他科目的作业，甚至用手机发短信……因为分散了注意力，也就与学习过程中的记忆、思维、想象产生了分离，学习效果自然不佳。

（2）对某些学习内容的价值认识不足，缺少集中注意力的自觉性。

（3）把疲劳不适的心理带入课堂，自然没精打采，注意力集中不起来。

（4）意外事件的干扰，迫使注意力涣散。在学习过程中，某些大学生因为与同学闹了矛盾，家庭中发生了意外，或是其他情绪干扰等都可以造成注意力不能集中，指向性也不太强。

法国生物学家乔治 · 古维叶说：“天才，首要的就是注意。”虽然这话有点偏颇，但也有其道理。可见注意力对一个人的学习、工作和成才是何等重要。作为当代大学生该如何控制自己的注意力呢？

第一，提高注意力作用的认知。

俄国著名教育家乌申斯基曾把毅力比喻为“获取知识的窗户”，如果学习得卓有成效，获取大量知识进行创造性思维，就必须最大限度地开放注意这一“门户”，特别是上课时要高度集中注意力听老师讲授，在做作业、写论文时也要这样。

第二，要有一种不知遏止的求索精神。

求索精神是专注的第一要素，要对已经学过的内容不断地复习、思索。培根曾经说过：“如果注意力都集中不起来，就别奢谈学习的成效。”这与屈原的“路漫漫其修远兮，吾将上下而求索”是遥相呼应的。

第三，要有顽强的意志。

注意力也可以说是意志力的一种表现，因此在遇到困难或挫折的时候，更要集中注意力去发现问题、分析问题，最后解决问题。

第四，要培养出自己健康的精神人格。

第五，养成有效率的学习、生活规律。

心理学教室

巴普洛夫认为：注意从其发生来说是有机体的一种定向反射，这是由于受不同的刺激的影响，引起有机体的有关器官朝向这种刺激，以便更好地感知这一刺激和有效地应付变化着的环境。刺激物的出现、消失、增强、减弱以及性质上的变化都会引起定向反射。

注意的主要生理机制是中枢神经过程的相互诱导规律。在一定的条件下，大脑皮层相应区域产生优势兴奋中心，对事物产生清晰的反应，这就是高度集中注意的那种状态。按照相互诱导规律，大脑周围区域如果出现抑制状态，就产生了负诱导，则得不到清晰的分析，不能留下深刻的印象，这就是未被注意或处于注意的边缘，这时最能引起注意的变化或转移。

注意是心理活动必须经过的门户，是心理活动的警卫。人们在进行学习和工作等活动时，良好的注意力，才能保证心理活动顺利而有效地进行。

（山东省中医药大学　高　鹏）

53. 考试前的心理准备

来访者自述

我是一名大一女生，现在马上就要期末考试了，我怕考不好，对不起远方思念我的父母亲，怕别人嘲笑。我强忍着，心里憋着，有同学说找您可以解决问题，您真能帮我吗？

心理师分析

学习是大学生生活中一件平常事，要用平常心去对待，自己给自己制造紧张气氛，违背了学习的内部规律性。心理学研究早已证明这种考试焦虑情绪、这种心态会影响学习效率，还会使自己丧失学习信心，劝你不要害怕。

如果考前拼命复习、加班加点、超越常规，到考试时反可能会全忘了，脑子里出现一片空白，心理学叫做过分紧张所引发的超限抑制。这是大脑神经细胞的一种自我保护机制，一旦外来刺激超过了承受能力，细胞活动则会自动停止，压力越大，脑子就越不好使。

大脑活动是有规律的，要按规律来办事才行。实践中也证明只有保持适度的紧张状态，才能提高认识活动的效率。

至于谈到父母及别人的评价问题，这可能是把自己的心态过早地投射到别人身上的缘故，也可能是对自己没有信心的一种自我欺骗。这种想象超前干扰了你考前复习，唯一的办法是放弃这种不必要的心理负担，放弃了心理包袱，人自然会轻松愉快许多。

心态摆正了，考前有所准备，轻松而愉快地进入考场，走出考场时你一定会感到头顶上的蓝天更加蔚蓝，心胸更加开阔，还愁什么考不好呢？先静静心，不要去管结果。

心理学教室

考前担心、紧张是考试焦虑的问题。

考试焦虑是在考试过程中或进行中预感考试失利或考试没有把握而产生的焦躁不安的情绪状态。这是一种预料到威胁性刺激而又无能为力去应付的痛苦反应。适度的焦虑可以弥补学习动机过弱，保持大脑活动适当的紧张度、提高大脑的活动积极性。但过度的焦虑不但对生理有害，也直接影响考试效果。

心理学家认为：考试焦虑是由一种恐惧心理造成，以一种负面的自我暗示为诱因。消除办法是：

(1) 改变不合理的认知，消除恐惧感；

(2) 调整抱负水平，目标不要定得太高；

(3) 加强自信心，自己坚信一定会成功；

(4) 进行必要的放松训练。

总之，考试焦虑是一种负面心理状态，一经发现，就要进行心态调整；否则，既影响考试效果，也直接影响与考试有关的一切社会活动。

（山东省中医药大学　邵雨萌）

54. 我害怕考试

来访者自述

我有一个问题想请教一下。考试嘛，我是经历过无数次，其中印象最深刻的是高考，但是到了大学之后发现忽然害怕考试，这倒是一个怪事，以前没有这种感觉，现在倒有了。听我寝室里的同学说这是心理问题，只有心理专家才能治好，于是便上您这儿来了。我说得很简单，就是害怕考试，考砸了如果拿不到毕业证和学位证书，那我又会……

心理师分析

考试是对大学生学习效果和知识掌握程度的检查，大学里考试科目多，内容杂，复习迎考任务重。因此，在临考前，大学生普遍地感觉到疲惫不堪，精神紧张，心理压力大，常会出现各种心理障碍，如过度复习、考试怯场等。

我们知道，适当的焦虑有利于发挥正常水平、提高考试成绩，但过度的考试焦虑则有害身心健康。过度考试焦虑就是担心自己考试失败有损自尊的高度忧虑的一种负面情绪反应。表现为紧张恐惧、心烦意乱、喜怒无常、无精打采，出现原因不明的腹泻、多汗、尿频、失眠、记忆力减退、注意力不集中、细微迟钝、学习效率下降等。

考试焦虑（这里指过度考试焦虑）是一种比较复杂的消极情绪现象。一般来说，考试焦虑是在一定应试情境的刺激下，受个体认知评价能力、人格倾向以及其他身心因素的制约，以担忧为基本特征，以防御和逃避为行为方式，通过不同程度的情绪性反应所表现出来的一种心理状态。

从考试焦虑的定义中，我们可以看出它是以担忧为表现形式的，总体上说，这些担忧主要表现在以下方面：

（1）担心考不好，他人对自己的评价不利。例如：如果考得不好，人们将对自己的能力产生怀疑；如果考得不好，意味着自己并不像原来所想象的那样聪明等。

（2）担心对个人的自我形象增加威胁。例如：重大考试之前或考试期间，常常会想到其他人比自己强得多，如果我考得不好，且不说别人对我有什么看法，就是自己也会失去信心等。

（3）担心未来的前途。例如：一般来说，考试成绩好的人将来必定在社会上取得更好的成就。

考试焦虑的产生是内因和外因相互作用的结果。外因来自于学校、家庭和社会，内因与个体的个性、抱负、早年经历、认识方式和心理承受能力等有关。

大学生出现考试焦虑，通过自身的积极调适，通常是可以消除的。如果自身调适有困难，请再求助心理老师。

心理学教室

心理学家认为，害怕考试肯定有其诱因，主要是：

（1）有过失败的经历，这是由消极的、负面的经历抑制了学习中的求成动机，产生了失败的自我暗示，因而产生害怕的情绪。

（2）夸大了现实的压力，把考糟了的结果想象得太可怕，就是片面归因太多，因此不要去盲目地错误归因。

（3）缺乏自信心。如果有了自信心，什么压力也会排除。人一旦失去自信，也可能失去一切。

（4）偏听传言。在考试之前听老师和同学说这次考试难度大，很难通过；又想到这次监考老师很严厉，甚至为难考生；有的还想到被罚，得罪了某老师可能会被严格扣分……

总之，越害怕考试越对考试不利，一般只要平时学习好了，考试要通过是没有问题的。要取得好成绩也不是一件很难的事。

（山西水利职业技术学院　陈红英）

55. 被冷门专业困扰怎么办

来访者自述

我是一名大四的女孩，马上就要毕业了。我虽然在一个比较有名的大学念书，但我学的专业却是一个冷门专业，尽管功课成绩门门优秀，但联系工作的信息总是有去无回。后来学校里决定让我留校做些文字方面的工作，我想这一辈子就是去写一些文章，生活也没有多大意思。我觉得自己来到这所大学念书真是“冤枉”，不知怎么办。

心理师分析

在学校念了四年书，有一多半时间是学习基础课和公共课，只有一小半的时间才是学习专业知识。一个人的能力有一般能力，还有特殊能力。基础课和公共课主要是培养大学生具有一般能力，有了这些一般能力不管做什么都可以。毕业之后，如果自己的专业硬是找不到对口岗位，完全可以改做其他工作。我们单位已经工作的干部、老师很多工作都与其原来的大学所学专业不对口，也干得很好。再加上工作单位用人主要不是看什么大学和什么专业，一个人不管学什么专业，达到了某种学历程度倒是很重要的。一个历史系毕业的本科生可以教政治、教文学、搞文秘等方面的工作，还可以从事编辑工作、校对等。但如果层级太低了，则不好求职。早几年会计专业和管理专业很吃香，都往里面钻，结果供大于求，没有岗位，许多人改做其他事情，不是也干得很好吗？

其实，大学学习完全是一种综合能力和综合素质的培养，很多用人单位并不看重你的专业。

待到毕业时，机遇和各方面的客观因素也许只能允许你找到一个令自己不满意的工作。到那时就要这样想一想：我能不能改变自己？是不是还有发展空间？如果硬是不行，你可趁着青春年少再去“充电”，学点别的什么技术和专业知识或继续考研。有时冷门的专业还可以对口考研，毕业后可以留校或从事这方面的研究工作。不管是哪个方面的工作、哪个专业，都需要后继有人，都不能断线。这些供你参考，总之要根据自己的客观实际与主观愿望去选择、确定。

心理学教室

学习是为将来踏入社会胜任某种工作的资本之一，其实在工作中学习也是重要的，学校学习只是奠定一个基础，在工作中仍须不断地补充和完善。在工作中充分地施展自己的才能，开发智力，这才是最重要的。智力与知识既有联系又有区别。在高校有一定的知识储备之后，在工作中完全可以“升华”、开拓与创新，完成了量的积累以后自然会达到质的飞跃，只要“质”上去了，干什么都能胜任，还会去计较目前的“冷专业”与“热专业”这个概念吗？其实“冷”与“热”是可以转化的，它们之间并不是一成不变的。

（山东省中医药大学　李军海）

五、情绪与情感

56. 真诚是人与人之间的心灵桥梁

来访者自述

我是一名大一女生，最近与人交往发现人与人之间好像有层隔膜，总不想把自己的内心世界完全袒露出来，觉得有点不真诚。如果每一个人都是“敞开心扉给人看”那该多好啊！我把您作为自己的知心朋友，所以乐意向您说这些心里话，您有办法给我以指导和帮助吗？

心理师分析

1984 年 2 月 14 日《人民日报》发表了冯骥才先生写的散文《珍珠鸟》，其中有这么一句话——“信赖，往往创造出美好的境界”。

是的，真诚是叩开心灵之门的钥匙。与人相处时，只有以真诚为本，才会成为一个处处受欢迎的人。爱美之心人皆有之，美貌往往以最快的速度让我们对一切事物或某人产生好感，但更多的时候还是被一个人的内在之美和气质所吸引。以诚待人，会在人与人之间架起心灵之桥，通过这座桥，可以打开对方心灵的大门，并在此基础上携手共进、合作共事。

一个人人格魅力的基本点就是真诚。待人诚实一点，守信用一点，真诚无私能使一个外表无多少魅力的人增添许多内在的吸引力，这样能更好地获得他人的信赖、理解，得到更多的支持、合作，因此也可以获得更多的成功机遇。

心理学认为，每个人的心灵深处都有内隐闭锁的一面，同时又有开放的一面，希望获得他人的理解和信任。然而开放是定向的，即向自己信得过的人开放。你听说的人与人之间的“隔膜”可能是与人交往时，自认为有“隔膜”，可能是对人的一种误解。从另一方看，社会上确实有不真诚、狡猾的人，有不道德的人，但这种人是个个讨厌的，他自己生活的空间也很窄，活得艰难、痛苦，这种人受到某种挫折以后自然会醒悟过来，改变其个性。

好了，今天就谈这么多，以后有什么问题再打电话来。

心理学教室

专家认为，每一个人用语言与别人交流信息、表达情感、提出要求与欲望，语言并不全是发自内心的呼唤与呐喊，也不是全部的情感袒露，总有一部分是压抑的。所以说成年人说话有一部分是内心世界的表达而有一部分是在压抑状态的社会应酬，也有不完全出于自愿的表达，在压抑中对方“听话听音”，去体察“话中有话”，去揣测“余音缭绕”的意境或语境。

在实际生活中，女孩子一般不愿意直白表露，所以有

"腼腆""羞涩"等词语产生。这些都是内心的某种压抑或有顾虑时的种种表现。例如中国人一般喜欢问人家"你吃饭了没有"，回答只有两种情况：一种是吃过了，另一种是还没有吃。当对方听到自己并没有吃饭时，也不会请你去吃上一顿，在社交场合中寒暄一声就算了事。这个容易明白，其实其他许多的事也是这个"理"。

（陕西财经职业技术学院　杨欢欢）

57. 有了自卑心理以后怎么办

来访者自述

在中学，我各方面都还可以，可能我的出生之地是一个小镇，当时确有一种"鹤立鸡群"的优越感。上了大学，我班同学都是来自北方大城市的孩子，他们家庭条件好，世面也见得广，经验丰富，一看上去就比自己要高出一等，所以我怕与他们交往，但心理还是羡慕他们，常常处于这种矛盾与冲突之中，心里难受，感到自卑，又不知怎么办。听说您是咨询专家，很多同学都受益于您，于是我来找您。您大概不会使我失望吧?!

心理师分析

你本来优秀，现在感觉又不优秀了，这是好事呀，因为自己觉得有差距了，就会不断进取，不断创新，这一点就很好。只要一切往前看，就有了发展。充分发挥自己的个性优势，自卑感也就甩到太平洋去了。

自卑就是与人比出来的，如果真有自卑的感觉最重要的就是不要把自己估计得太低了，要适当评估自己，要自信一点，也就没有那份自卑的感觉了。还有不要与别人强行地作横向比较，人与人之间本来就是不等值的，加上各人出身的背景、接触的人和事都不相同，存在的某些差异很正常。正如香蕉、椰子本来就盛产于南方，苹果、梨子等本来就盛产于北方，如果硬是在北方种香蕉、椰子，在南方种梨子和苹果，其结果只是“竹篮打水一场空”。懂得这个道理之后，只能因地制宜种水果。培养人也是这个道理，不要去比，各有各的优势，尺有所短，寸有所长，所以孔子提出要“因材施教”。对于个人要这样想，我就是我，我就在自己原有的基础上去发展，去创造，各有各的发展模式，比方我们中国要屹立于世界民族之林，必须走中国特色社会主义道路，也就是这个道理。

还有一点，如果你对自己有了一个实事求是的评价、确立了一定的目标理想以后，仍有自卑感时再来找我。我可以断定，你不会再为这个问题来找我了，因为那时有很多的事情在等待你去做，有很多的理想等着你去付诸实施。

心理学教室

心理学家认为：一个人产生自卑的感觉主要是理想自我高于现实自我，或者是周围客观环境中人家的现实自我大大超过了自己的现实自我，这是自卑感形成的理想基础。

要消除自卑感，有以下两条途径：

第一是从纵向角度而言，在某种情形之下，适当地降低一些自己的“理想自我”，降到自己的“最近发展区”的范围之中，也就是跳起来之后能摘到桃子，这个档次就行了。由“理想自我”降到与自己的“现实自我”几乎接近的水平，心理平衡了，自卑感也会自然地消失。

第二就是从横向角度而言，想方设法发展、提高身，努力地提高“现实自我水平”。在这种情形之下，别人的情况与“我”差不多，几乎一样，这时还有什么自卑感可言呢？

（山东省中医药大学 高 鹏）

58. 我平白无故地烦躁不安

来访者自述

我是刚入学不久的女大学生，可近来不知怎么的，心里老是不踏实，担心着不该发生的事情，例如教室的大吊灯掉下来砸了自己的头怎么办？别人议论我的衣服不好看怎么办？会不会有人喜欢我？毕业之后会不会找到工作？……这些莫名其妙的焦虑和担心，使我常常觉得又累又乏，心神不安。我知道这样不好，可又不知怎么办。到学校医院看过几次，吃了中药又吃了西药，这种不好的心情却一直没有消除。我不知道该怎么办。

心理师分析

这不要紧，这是一种常见的焦虑症，好像约了朋友以后在等他，持了已购好的火车票在候车室里等火车一样的心情，有点不耐烦，这时的表现也是不停地看表、来回踱步、仰头张望，这就是焦虑不安的情绪体验。心理学家给焦虑下的定义是："焦虑是预期不到结果的过程中，处于某种不良的处境时的一种不愉快、恐惧、莫名其妙地紧张，过分过度地操心和着急的情绪状态。"

适度的焦虑对人的心理健康是有益无害的，有时甚至可以提高人的警惕度，使精神亢奋。当预期到不好的事情将发生时，整个身体还会处于紧张状态，全身的积极因素都会调动起来，这对于应付可能的危险和战胜困难是非常必要的。危险和困难一旦过去，焦虑自然消除，这是一般人的正常的焦虑反应。而你所讲的"平白无故"地焦虑体验，如果发展严重就属于变态焦虑，这种焦虑如果维持的时间很长，就会严重地影响人的正常生活，也就是心理学所称的焦虑症。

焦虑症分为急性焦虑发作和广泛性焦虑障碍两种情况。你所遇到的情形，可能属于广泛性的焦虑障碍。这是一种无明显原因的焦虑，对生活中不值得担心的事情担心，容易被激怒，烦躁不安，可能无缘无故地向别人发脾气等。

心理学是一门科学，而焦虑症是心理障碍的一种客观存在着的心理现象，我们应该以科学的态度来对待它。处于心理不适状态下进行心理治疗是必要的，这种治疗方式有两种：一种是心理治疗，可用松弛疗法、生物反馈疗法、行为疗法，这些治疗要到大医院的心理治疗门诊去，其他医院没有这个，如果不对路找错了门，既花了钱又费了力，病还是不会好的；另一种是适当地吃一点抗焦虑类药物，不过心理问题吃药只是一种辅助性治疗手段，希望你采用合理的、科学的方法求医，尽快地医治好你的焦虑症。

心理学教室

焦虑症是一种常见的神经症。大学生进入新的环境，各方面要重新适应与调整，如果对大学的梦想太完美，自己给自己施加过大的心理压力，可能就会产生持续性的焦虑、不安、恐慌，还可能伴随着许许多多的生理上的不适。此时还可能犹豫不决、做事瞻前顾后，对新鲜事物、新理论的适应能力减弱，只要遇上少许刺激或听到一些风言风语就容易焦虑。有这些症状的同学要去找老师，找心理医生，他们会根据焦虑症治疗的原则和方法给予心理疏导。万不得已时还要开一些抗焦虑的药物。如果这样做了，一般焦虑症状就会消失，恢复平静，达到心理健康的水平。

（山东省中医药大学　邵雨萌）

59. 我心乱如麻怎么办

来访者自述

我是今年才上大学的，眼看期末要到，快考试了，我担心会不能通过，以致无脸见父母。我心乱如麻，既麻烦又害怕。我该怎么办？

心理师分析

考试是检查某一阶段学习优劣的一种传统方法，不管是小学、中学还是大学，每学期要碰到多次考试。中学里有小考、中考、期末考，还有什么单元考、章节考、月考、季考、段考、抽查……名目繁多，自然觉得它平凡如故，你应该是久经沙场，无所畏惧。

在大学里你对考试害怕可能有以下几种原因：

（1）不熟悉大学考试的内容、题型和老师评分的尺度，不明白考试课、考查课、必修课、选修课之间的区别，感到茫然害怕。这不要担心，只要平常听了课，做了笔记又经常复习，智商在 75 ~ 130 的同学一般是可以通过的，不要有顾虑。

（2）可能你经历了多次考试，有“考试焦虑综合征”的心理障碍。关于这个问题请你到学校心理咨询指导室来找老师作心理治疗，电话里一两句话是讲不清楚的，况且这是一个专业性很强的话题，又不能千篇一律，宛若医生对不同的“病”应该开不同的“处方”一样，要对症施治，在教育过程中也可以叫“因材施教”。

以上两点，供你选择和参考，望能起到抛砖引玉的作用。

心理学教室

心理专家认为：产生害怕考试的原因有：

（1）担心考糟了家人、老师、同学对自己的评价不高，自己的“威信”受到影响；

（2）怕影响奖学金和助学金，怕影响入党等；

（3）担心考试准备不足，很难通过；

（4）怕留级、重修、补考。

总之，考试时只要抛开一切杂念，认真应考，一般都能取得较理想的成绩。

（河南许昌学院教育科学系　李　松）

60. 失眠与心理的关系是什么

来访者自述

最近我上课没精打采，提不起精神，晚上失眠多梦，同寝室里的同学都说失眠是一个心理问题，要赶快请教老师，快点好起来，于是我特来请教您，首先要了解一下失眠与心理的关系，然后您想办法给我治好失眠这个顽症好吗？

心理师分析

失眠不是你一个人有，其实这种现象在高校很普遍，在知识分子中间也很多，失眠目前药物治疗见效慢，而心理治疗则效果好得多。

失眠主要是受外界强烈的刺激后不能及时地、自发地由兴奋状态转化为抑制状态。通常焦虑是引起失眠的原因。大学生焦虑的起因一般包括学习压力过大、经济上负担过重、情感受挫、人际关系矛盾等。

近代医学和心理学认为：人由于紧张，应激会导致人的中枢神经、内分泌和免疫系统的变化，当一个人受到突如其来的剧烈变化，打破人体内的各种心理和生理的平衡，造成大脑或某些器官的功能障碍，进而导致失眠以及其他躯体疾病。

关于治疗失眠的理论和方法也很多，比如精神分析法、认知疗法、催眠暗示疗法、松弛疗法，日本的森田疗法也对治疗失眠有很高的疗效。此外，要多晒一点太阳，这叫沐浴疗法；洗洗澡，这叫温浴法；多听音乐，这叫愉快疗法。

我建议采用下面的方法促进按时入睡，从失眠的痛苦中挣脱出来：

（1）睡觉时要顺其自然，不要给自己加上不良的自我暗示：哎呀，今晚我可能又睡不好觉，这怎么得了啊！要给自己施加良性的自我暗示：现在开始睡觉休息了，能睡好就睡，睡不好也没有什么关系，我不急不烦，这样自然放松，在没有外来压力之下也有可能会睡得好。

（2）坚持体育锻炼，因为适当的体育锻炼与体力劳动能有效地消除因脑力劳动带来的疲劳并能使大脑皮质的兴奋和抑制功能保持良好的平衡状态。如长跑、打球，达到中强度的运动量以后洗一个澡，这时全身放松，感到浑身有劲，也有助于晚上提早进入梦乡。在学习过程中不要搞突击战，该睡觉时则睡觉，该起床时则起床，形成自己的“生物钟”。

（3）采用自我催眠法可以进入梦乡，一般来说在睡觉半个小时之前放松自己，不要想什么问题，不要喝茶，可以喝点开水，上床后自言自语暗示自己：我很困了，我要休息了，我什么事都不干了，我什么问题也不想了，我的任务是睡觉，马上就会入睡进入梦乡了……一般来说，只要心理上真正地放松了，顺其自然了，周围又没有什么特异声响，没有特殊气味干扰，就会自然而然地入睡。

只要心理医生帮你找出产生症结的真正原因并加以正确处理，进行自我调节，那失眠就会自行好转。如果失眠者长期对自己的身体过分担忧，还会有焦虑症与恐惧症相随，心理就会更加紧张，陷入恶性循环之中。

（山西水利职业技术学院　陈红英）

61. 怕火车是不是心理问题

来访者自述

我是一名大三的女生，我的学校在南方，而自己家在北方。每年至少要坐四趟火车往返于学校与家之间。不管是开学还是放假，“挤火车”是平凡的事了，车厢内人多拥挤、空气差，连水也喝不上，心里既闷又烦，生怕财产被盗，不敢睡觉，苦苦煎熬，困倦不堪。火车开得飞快，我的心就像要跳出去一样，越这样想就越要抬腿往下跳似的，直到火车进站停稳以后这“石头”才落地，所以我最怕坐火车。这是不是有什么心理问题？

心理师分析

这种情况在心理学界，专家称之为“强迫症”。强迫症有意念强迫和行为强迫两种，有非理性的和不可思议的性质。对患者来说主要是通过强迫来减轻困扰所带来的焦虑，经典精神分析心理学理论认为，强迫症来源于压抑的冲动。人的本我意识中，有渴望和幻想的需要，想愉快，过着舒适的生活，但是超我——人格中的道德部分——不允许人在意识中和行为里表达自我。有高度创造性的人常常会比一般人更能想象，有时他们还会陷入错误的想象之中，想想自己怎样受到伤害，怎样在灾难中逃生……

目前消除这种强迫的方法有很多，下面介绍几种供你参考并逐步消除这种怕火车，要从火车上往下跳的可怕想法。

第一，用笔记录你的想法和反应，并且在此过程中分析他们意味着什么。强迫症常常是被禁止的愿望通常是对他人的敌意和性幻想的扭曲的反映，可以用精神分析法找出潜意识中的盲目力量来控制自己的能力，潜意识中的动机会给你带来一定的解脱。如果你能以理性清晰地、冷静地分析它们，你就不会像以前那样受强迫意念的摆布，如果不这样做，你的强迫意念还会不断地产生并形成恶性循环，最后控制不住真正地从火车上或高楼上往下跳，其结果是怎样的呢？每一个人都能回答出来。

第二，是不要用粗暴的心理意志力同强迫意念作斗争。强迫意念好像也有自己的一种顽强的“斗志”，它们来自于自己头脑中潜意识王国的能量，通常比你的主观意识中的意志力更强，使用意志力斗争其结果是更大的失败和无助感，必须用巧妙的、间接的方式去做，才能战胜强迫，取得胜利。

第三是使用消极练习方法可以消除自己头脑中的强迫意念，它是来源于一种“学习与遗忘”的心理学理论的科学、合理的方法。这种方法要求你本人主动地去犯“错误”或做平时根本不愿意做的事情。这件事情应该在患者不被强迫的情况下和不担心这样做会使人讨厌的情况之下去做。起初，你可能会不想去做或感到奇怪，但冷静地仔细分析一下就会发现有强迫症的人缺乏的正是对使人厌恶的行为的主动控制。因此通过主动做一些“练习”，不断地主动练习会逐渐削弱强迫症意念或强迫行为的力量，如去跑步、踢球、击掌、大喝一声、深呼吸、伸手、蹬腿等都是消除强迫意念的有效方法。当头脑中出现要往火车下面跳或往高楼下跳的意念时，做以上动作中的任意一项均有效果，时间长了，这种“拉锯战”打久了，其强迫意念可自行停止。

（湖南工业大学　陈　鹏）

62. 他为什么郁闷

案例描述

夏子（化名），男，18 岁，某学院一年级学生。该生在别的同学开学一周后报到，属补录同学。对宿舍环境也有点陌生。因到得晚没有参加军训。曾与《思想道德修养》老师交流心情，有些自卑情绪，经任课老师推荐至咨询中心。该生个头一般，瘦，语速慢。

主诉：家在北京郊区，小时由叔叔婶婶抚养长大，也不算过继。叔叔家有两个姐姐：一个大他 12 岁，一个大他 9 岁。叔叔婶婶对他很好。她试图回报叔叔一家。他自认为小学因为未找到学习方法而学习不好，只进入一个普通中学学习。中学又未找到很好的学习方法，学习成绩仍上不去，初一觉得郁闷，甚至崩溃。初二开始跑 1500 米，曾获过名次等。高中进入一中专技校。觉得还是未找到学习方法，学习不好，因此准备考体师。可是不断锻炼努力后离该校录取线仍差 40 分，只好又考。内心深受打击，但仍准备继续学习，姐姐、姐夫是教师，建议他选择大专。但他要求复读。养父母遵从了他的心思。去补习班一个月后，觉得学习跟不上，想退学。姐姐、姐夫说找到学校就念，找不到再读。后来到了现在学校，到校后环境同学都陌生，因报到晚，教科书没有及时发放，觉得郁闷，无聊，不想活了。

夏子第二次采访　下午 3：30—5：30

主诉：十一期间拿到课本（放假前），准备假期看看书。但与同学会面、看电视，时间就过去了。看了一会儿数学却又觉得不太清楚就放下了。回校后觉得 7 天都浪费了，又很后悔。同宿舍有两个同乡，很外向、活泼。同他开玩笑说他假期又学了 7 天。他好像特别急着为此辩解和解释。在日常生活中不知与其他同学如何更好相处。新生刚来，经常一个宿舍一起吃饭。一次吃午饭时，大家觉得刚放学，食堂会拥挤，想晚一些去吃午饭，12点10分左右，人会少一些。可他想先去，却不知如何去和同学说，又怕会引起其他同学误解，瞻前顾后。有时上课也觉得听不太明白。最近一段时间出现后脑勺一片片疼。很担心自己这种状况。

分析引导

（1）放松调节，学习调节人际关系的技巧。不要把问题复杂化。不要生活在别人阴影下，坚持做人原则。

（2）合理观念调节，感觉不舒适就休息。

（3）经常思前顾后，在思想比较乱时去做题、写字等，把注意力转移到具体事情上（稳定踏实），哪怕抄书。

（4）每天做一些能让自己成功的小事情。自己相对而言的小事情，而不是别人认为的大事情、小事情等。昨天他曾经让自己完成一项任务，1个多小时研究QQ上网程序，结果1个半小时也未完成。引导他认知在自己基础上制定具体目标。别人较熟悉电脑，而他很少接触。故设定1个半小时完成并不科学，应该放宽时间限制，或者只要完成即可。

（5）调节放松自己情绪，头疼时锻炼、休息。

咨询结果

咨询之后，夏子较为高兴、放松，自诉在这儿说的话比在班里一星期说的都多，情绪放松了。

（北京交通职业技术学院 王丽红）

63. 以自我为中心

来访者自述

我在家里是父母的掌上明珠，爷爷奶奶疼爱我自然不用说了。然而我进了大学以后，宿舍里的同学对待我与父母、爷爷奶奶他们的态度就大相径庭了。比方说，上完晚自习回到宿舍，我很疲劳只想睡觉休息，然而其他同学还在开什么“卧谈会”讲这个好美，那个又什么的，吵得我彻夜失眠。我觉得他们好坏，还有晚上我与好朋友打电话，又没有妨碍别人，可同学们直嚷：“别打了，有话明天再说吧！”我偏要把电话打完，结果同学们第二天都不理我，气得我来找老师……

心理师分析

首先不要气，坐下来先做深呼吸，也许气就会没有了。

我估计你是独生女。独生子女是我国20世纪70年代基本国策的“产物”，就是为了在中国控制人口的增长，提倡每对夫妇只生育一个孩子，于是千家万户出现了独生子女。心理学家认为，独生子女家庭严重地存在着溺爱的问题，孩子最容易养成“以自我为中心”的思维定势。因为独生子女在家中最小，但权力最“大”，每个人都围着独生子女转，这种优越感在家中是独尊的。孩子进入大学以后，由过家庭生活过渡到过集体生活，而寝室的同学在关系、地位、人格等方面都是平等的，没有谁尊谁卑的问题，要讲平等，互相关心，互相帮助，互相理解。家庭的生活方式搬到集体生活中来，当然就不是一码事，环境改变了，其生活习惯和生活规律要随之改变，心理学叫适应，哲学叫“物质决定意识”。因为你生活空间的存在发生了质的变化，其他各种意识也要随着存在的改变而改变。适应就是个体因环境的改变，其主观意识也应与意识环境保持一致以维持其生存与发展。适者生存，不适应者被淘汰，甚至灭亡，我们要懂得这个道理。

你要改变自己头脑中的不合理信念，不要时时处处以自我为中心，不要人家长期以你为轴心来转，当然，我也不是提倡你时时处处以别人为轴心来转，这里有一个共同利益问题。大家在一起生活，人格是独立的，地位是平等的，有什么问题商量着办，如果你能接受别人的观点，别人也能接受你的观点。

心理学教室

心理专家认为：一个人要努力地使自己有一个全新、客观的自我认知，努力克服自傲的心理。这种自傲心理是一种逆反心理在作祟，别人不要我怎么样，我偏要怎么样，以此展示自己的实力，期望在群体中获得威信，得到友谊，受到他人的尊重。

对于自傲心理，要在生活中和与人交往过程中逐步地加以克服，不必为此气馁，也不要耿耿于怀，在必要时学习一些人际交往的技能与技巧，掌握各种不同的交往规范。要善于化解交往中的各种各样的矛盾，例如可以用转移、升华、幽默的方法来调整人与人之间的关系，建立和谐稳定的人际关系。有一句名言说得好："获得朋友的唯一方法是使自己首先成为别人的朋友。"

（陕西财经职业技术学院　杨欢欢）

64. 生气是拿别人的错误来惩罚自己

来访者自述

我宿舍里的人有人不讲公德，晚上很晚回家，进门弄得乒乒乓乓地响，有时晾毛巾不拧干水，滴到我的箱子上，还有我的牙膏和肥皂被别人用了，这还不算，往往就丢到澡堂不带回来。这些生活小事时常惹我生气。我一生气学习受影响，饭也吃不好。有什么办法能避免自己生气，我想老师一定会有办法的，请告诉我吧！

心理师分析

医学心理认为，当一个人心身愉快时，中枢神经系统处于最佳功能状态，内脏及内分泌活动在中枢神经系统的调解下处于平衡状态。生气是不利于健康的。当要生气时，应当保持冷静的思考和稳定的情绪客观地分析，认真地对待。生活中也不要过于计较个人的得失，更不要为一些鸡毛蒜皮的小事去发怒，最重要的是不要生闷气，因为生气是拿别人的错误来折磨自己、惩罚自己。比如你的这种情况，你应该这样想，别人回晚了，弄得乒乓直响，你耐心等待十几分钟，人家不可能整晚不睡而去制造噪声；毛巾拧不干，水滴在箱子上，干脆把箱子转移到另外一个地方，问题就解决了；别人拿了你的牙膏和肥皂，你妥善保管好自己的日常生活用品，放在一个偏僻的地方，自己用就去偏僻的地方拿，用完以后又放回原处，其实大学生每人都有自己的专用日常生活用品，偶尔拿错了，丢失了，不放在心上，自己也就不生气了。如果为这些小事生气，还影响学习和正常生活，那真是得不偿失。我相信你今年不会再为这些小事而生气了。

心理学教室

心理学家认为，人们有时不知不觉地要陷入一种误区：执意地要承担许多不必要承担的负担。

一些事业上有所建树的人，他们每天都是坚持“今日事今日毕”，今天把要做完的事做完了，今天感到幸福、快乐，明天也感到充满信心，更不会拿别人的某些不足、错误来毫无意义地折磨自己。智者们赢得了荣誉、财富和世人的尊敬，主要是善于把握自己，认定目标就在自己手中，命运也是掌握在自己手里，而不是在别人手里。别人有什么不对，他自己会明白，何必生气呢？这难道不影响自己的学习和前途吗？

（广西财经学院心理咨询中心　李星华）

65. 这种现象是不是抑郁症

来访者自述

我是大二女生，我觉得干什么都提不起精神，情绪处于低潮，这是不是属于抑郁症？不是抑郁症又是一种什么现象呢？我用什么办法来克服呢？

心理师分析

这些问题在大学校园中是常见、普遍的现象。你所说的现象不应该是抑郁症，很可能是焦虑症。你千万不要认为自己的神经系统出了什么问题，把自己当病人看。抑郁症是早上不想起床，晚上又睡不好觉，做任何事情又感到无聊，甚至无所谓，吃饭没有胃口，整日整天不想说话。所以要把心里的包袱先放下，放下即轻松，放下便脚踏实地。

你的这些情绪体现在大学生中应该很具有代表性和普遍性，就心理学而言，这开始是由一种不适应的心理问题而引起的，是在新的环境下自我重新定位的阶段性困惑。

这种心理困惑是由中学升入大学，有许多问题在头脑中盘旋引起，如适应环境问题、结交朋友问题、奋斗目标问题、出国留学、读研读博等。凡此种种的思考，都不是在中学期间所能想到、所能预测到的。这可能是每一个大学生都会思考的普遍性问题，大不必要担心自己有什么特别的不同，更不能担心自己得了心理疾病，这种长期的不良自我暗示如果不消除，那有朝一日，某些疾病也有可能真的降临到你头上。

目前大学生的学习和生活，学校按计划、按教学大纲的要求都已经安排好了，随着适应期向前推进，你会自然而然地明确该怎样去度过大学的时光，还包括大学毕业之后应该去做什么，不去做什么。这些不适应期的焦虑还要去向过来人讨教，同三年级和四年级的老生交朋友，也可以与已经走上了工作的大学友去交朋友，向他们取经。到时你的视野开阔了，思想也会成熟许多，也有可能再也不会为当前的事情发愁了。

寥寥数语，不尽达意，衷心地愿你顺利地度过这个人生转折期，完成学业，做一个合格的女大学生。

心理学教室

抑郁症、强迫症、恐惧症是最难解决的问题，心理疏导只能起到缓冲作用。奥地利心理学家弗洛伊德采用心理分析的方法也要很长时间，少则半年，多则数年。近代在临床中，一般采用药物治疗加心理疏导相结合的方法，这样能加速症状的根本好转而达到治愈之目的。在大学生群体中，以上三种心理症状比较常见，如若有这些症状，只要找准治疗途径即可康复。

（福建省龙岩学院人文与教育学院　郑先如）

66. 我害怕自己找不到合适的工作

来访者自述

我是一名大四的女学生，最近日子过得不是滋味，心理焦虑严重，特别担心毕业后找不到合适的工作。没有工作，吃饭穿衣怎么办？我不能老靠父母养着我，将来也不愿意让丈夫来养活自己。总之，我为毕业后的去向坐立不安，请帮助我吧！

心理师分析

你提出的这个问题带着普遍性，阻碍高校毕业生就业的主要原因有以下几点：

第一是眼睛向上，期望值居高不下。因为自己通过多年的拼搏奋斗，考大学，念大学，几年辛苦几多愁，总想找一个好工作才不吃亏，才体面，才对得起父母和自己。有些品学兼优的大学生，特别是女大学生，大学毕业以后不想再吃苦了，想进大城市工作，首选直辖市、沿海发达地区。如果以上地方不成功，也要在各自的省会城市里待，不愿往下靠。其实有很多基层单位需要人才，而且待遇也不差，就是名气不大，好像名不正则言不顺，言不顺则大事难成，不如观望、等待，总期待大城市里的好工作正等着自己，使自己再过一次高考时那种“千军万马都来挤独木桥”的瘾，把青春和知识作赌注，心里在暗暗宽慰自己：

我一定会实现自己的宏愿。

第二是需求信息不畅，不了解人才市场，供求矛盾十分突出，表现为“我要的人才不能来，来的又不是我最需要的”，于是许多单位和个人都在实行“人才拉锯战”，你看看我，我看看你，用人单位和就业对象双双打不定主意。

求职的大学生应尽快转变观念，从实际出发，首先找一个安营扎寨的地方，解决吃饭和睡觉的地方，能够施展自己才华的地方，在一边干时多了解信息，注意市场人才的动向，瞄准市场，针对自己的个人潜能再更换单位或工种。

另外，应确定一个发展的方向，制订中短期的自我发展计划，苦干实干加紧干，才干主要是“干”出来的，一分耕耘，一分收获。有了成就，别人自然会推荐你，提拔你，信任你，重用你。

心理学教室

人生能有几回搏，当代大学生还是要有一点拼搏精神，人是要讲究一点精神的。每个大学生都期待自己成功，成功是一个人的奋斗目标，目标也包括自己对个人、对家庭、对社会、国家和民族的一份社会责任。一个人只有立志高远、心胸坦荡，心往高处想，劲往目标使，努力寻求发展机遇，才能找到一片理想的“绿洲”。

（福建省闽西职业技术学院　江强民）

67. 怎么排解生活中的烦恼

来访者自述

我来高校不久，结交了许多朋友，有说有笑，好不惬意，可近来这些好朋友跟别人玩去了，于是我心中又充满烦恼，好像对大学的一切失去信心。

心理师分析

烦恼真像夏天一只只讨厌的蚊子，常常来侵扰人家。一个人如果一旦陷入烦恼的沼泽之中，那视野就会越来越窄，很可能把小事看作大事，把好事看作坏事，看不到危急中的生机、黑暗中的光明。长期烦恼，长期自卑，失去自信，自己长期与自己过意不去。

比方说你夏天外出带了半瓶水，悲观之人看只有一半了怎么得了，心里烦恼；而乐观大度的人却认为，口渴不要紧，忍耐一下子，实在不行了，我还有半瓶水呢。同样一个客观现象，不同的主观意识所产生的心境是不相同的。

心理学教室

心理学认为：一个人的烦恼并不是引起烦恼的人或事所引起，而是你对引起烦恼的人或事的看法和观点所致。“人非事所优，乃为其观而自扰之。”一个人只要改变了对某人、某事的看法之后自然而然就没有烦恼了，心态就平衡了，情绪就正常了。还有心理学家认为：解决个人烦恼问题要正确认识一个人的“欲望”取向，欲望不但是心理不平衡状态产生的温床，也是引起行为的倾向、占有、获取、需求、嗜好、索要的“内驱力”。这种内驱力来自人的各种各样的生理需要、安全需要、生存与爱的需要、尊重的需要和自我实现价值的需要。这些需要几乎人人都有，只是表现的程度不同而已，所以欲望这种内心的条件反射或行为倾向的存在是极为普遍的，因此人感到有些烦恼也是极为普遍的。一般来说，要把一个人的欲望控制在一个恰当的水平，既不能太高，也不能太低，太高了是产生烦恼的直接祸根，太低了觉得生活又索然无味，不充实，失去了生活、生存的价值与意义。

（河南许昌学院教育科学系　李　松）

68. 怎么才能使自己快乐

来访者自述

我想请教您一个问题，每个人都希望自己“每天快乐多一点”，快乐也是心理健康的一个重要标准，这是您在课堂里常讲的一句话，您给我介绍一下快乐的方法或该怎么做就会快乐。

心理师分析

（1）珍惜每一天，除了完成学习任务之外，还要去图书馆“充电”，参加锻炼和人际交往。

（2）经常与同学之间笑一笑，乐一乐，这样痛苦与烦恼就会远去。

（3）不要害怕失败，往往太关注结果就会产生失败的感觉。

（4）不要在意别人对你的评价，走自己的路，别人说啥有他的自由。

（5）要奖励表扬自己，增强自信。

（6）工作学习时面部肌肉要放松，这样自然地会露出甜甜的微笑。

（7）求新求异，使自己生活充满新意，在满足中享受快乐。

（8）在受挫折时马上回忆自己“辉煌的过去”，这样消极情绪就被积极的情绪所取替了。

（9）空余时间唱歌、下棋、踢球可以使自己充满快乐，烦恼不会“侵犯”你。

（10）把自己成功的事情记入备忘录，不定期地翻一翻、看一看，也可查查自己的剪报、相册、笔记本、日记本等。

心理学教室

快乐是一种感觉，是一种理念，是一种超脱。快乐永远不是建立在对某种物质需要满足的基础之上的。古代对快乐有这样的说法：划船行酒令，金榜题名时，洞房花烛夜，他乡遇故知。还有一种说法是：父母俱在，兄弟无故，一乐也；仰不愧于天，俯不怍于人，二乐也；得天下英才而教育之，三乐也。前一种说法是针对生活和社会存在意识而言，后一种说法是针对于人的崇高精神境界而言。在现实当中，每个人对快乐的理解和认知也是不一样的，有些人以助人为乐，也有一些人以损人为乐；有些人认为多奉献于社会和他人是快乐的，还有些人以索取越来越多的财物为快乐。总之，这是一个认知问题，也是人生观的问题。

（湖南工业大学　陈　鹏）

69. 怎么面对“青春迷茫”

来访者自述

上大学以后总觉得一切好轻松似的，有时候我也抽烟，用手弹出一支烟，然后用食指和中指夹住，右手拿出打火机，啪，一股蓝色的火苗让那根洁白的香烟变成一个闪光的红点，深深地吸一口，再徐徐吐出一串串烟雾，尤其是在夜晚，好不惬意和自在。这一感觉过后就是空虚和迷茫，没有一点味。人生到底是什么？青春到底是什么？青春期怎么这么难熬？

心理师分析

青春期既是踏向成功的“黄金桥”，又是多事之秋。青春期带给人们烦恼，男生有 50%，而女生则有 70% 之多。

来到大学，第一是适应问题。大学是思想最活跃、最富有创造力的学术殿堂，是新知识、新思想的摇篮。作为人类神圣的精神家园，大学有自己崇高的理念和追求，是青年人自我塑造的最佳场所。在这里与中学相比，相对宽松。这里也是求学期向创造期迈进的过渡时期，正处于生理、心理、思想和求知的成长期。一个热血青年有机会能在这样一种良好的文化氛围和人文环境中将接受熏陶和洗礼，对于成人成才是一种时代的机遇。

第二就是处理价值观的问题。在孩提时代，一般父母叫干什么就做什么，叫不干什么就不干什么，处在别动接受的地位，目前已进入大学，要逐渐形成自己的价值观，而且这种价值观要与目前的大学生活保持一致或者稍微超前，没有心理动力，就会缺乏激励。

青春期最富于幻想，不切实际的幻想又往往给青春期的大学生带来若干心理危机。你所描述的抽烟正是一种驱除寂寞和孤单的表现形式。其实走自己的路也很简单，就是千里之行，始于足下，真正迈开了第一步，以后就会考虑到将来而不是过去，只要真的与同学打成一片，孤单就会消失。

青春的迷茫是短暂的，追求真理、追求生活是真正的漫长探索！

心理学教室

青春期所发生的一切，是一生中最绚丽、最值得的回忆。这一时期也是人生一切的基础奠定阶段，是由“不懂事”的少年向“懂事”的成年过渡阶段，无论从自然科学还是社会科学的视角来审阅历史，过渡阶段既有“危险”，又有机遇；也可以这么理解，这个时机有危机感，但完全可以安全度过。“危机”这个词是一个“矛盾对立型复合词组”。意思是说人处于危险时也是充满机遇的时候，危险征服了，机遇便会悄悄地溜到你的身边了。

（山西水利职业技术学院　陈红英）

70. 我的脸怎么老是通红的

来访者自述

我是一个独生女，从小内向腼腆，父母疼爱，老师关心，只是自己老是脸红，同学们看着我，我就不由自主地脸红心跳，因此闷闷不乐，好像总有一块石头搁在心里，不是滋味。为此我看了不少医生，西医有西医的说法，比方过敏了，吃抗过敏药物；中医说是肝火上窜，湿热所致，于是吃了不少中药，结果钱花了，脸红依旧在，心头也和脸蛋一样，长期火辣辣的……请您告诉我怎么去克服。

心理师分析

你所提出的问题是一个心理问题，脸红者并不是你一个人的“专利产品”，其他人都有，只是程度不同而已，这方面的来访者不少。只要按我提出的方案去做几次“家庭作业”，脸红的毛病一定会克服。

其实脸红是一种很普遍的心理现象。美国心理学家津巴教授通过对万人的调查，发现 40% 的人有脸红的特征，还有 15% 的人会发生“情景胆怯”，也就是说在一些特定的场合和环境之下会发生紧张和焦虑，你大概就是属于这个行列中的一员。

从心理角度来讲，要转移你对脸部的有意注意，在个人观念上“事先不准备，事后不批评”，顺其自然，抱着一种不去有意克服、不去过分战胜的中性态度，把自己的注意力从自身的感觉往现实行为上转移。其实心里没有对脸红的自我暗示时就自然放松了全身的肌肉，对脸部的肌肉也放松，脸红的情况也会慢慢减弱。至于对同学们的视线，要保持一颗平常心，不要去回避，越回避越紧张，脸一下子又会红了起来。你根本不要去在乎别人想什么，对你有什么看法等。只要你按照科学的方法去努力克服，情况肯定会大有改善的。

心理学教室

一个人情感的表达有三种方式：一是心理体验，二是语言传递，三是行为表达。单纯的心理体验一般只有自己才能领略到其中的奥秘，俗称“甜言蜜语”就是通过语言来表达情感，这语言可分为口头语言和书面语言两种，平时写信、上网、手机发短信等均属于书面语言，脸红是一种表情表现。高级情感表现是人类的智能表现，首先应该是心理情感体验，这是由于人的情绪、联想、感情对某一事物产生反馈效应所致。这种反馈一般是积极的、正面的。这种反馈有些人表现在脸上，有些人表现在手上，有些人表现在腿脚上面，所以常常有“欣喜若狂”“手舞足蹈”的说法，“红光满面”“面红耳赤”的说法也不鲜见。人的外部表现与人的内心活动是紧密相连的。

（陕西财经职业技术学院　杨欢欢）

71. 怎么调节不良情绪

来访者自述

我是您“心理素质培训班”的学生，近来情绪总是低落，我害怕自己患了抑郁症。请您给我分析一下吧！

心理师分析

我上课时经常看到你，平常在走道上、校园中庭院里也见面。我估计你没有抑郁症，只是一些精神焦虑引发的种种心理困惑而造成的暂时情绪低落。你千万不要认为自己的精神出了什么问题，把自己当病人看。真正的抑郁症做什么事都提不起精神，吃饭没有胃口，早上不想起来，晚上睡不好觉。

我认为你这是上大学以后在新环境之下为自我重新定位的阶段性困惑。你由中学升到大学，面临的问题是知识的不断更新、人生的充实，还会面临着自我概念的重新思考和界定。你要适应新环境，要结交新朋友，甚至还要规划下一步的奋斗目标……因此种种思考和困惑，都一齐涌入心田，这时可能有不良情绪出现，“山重水复疑无路”之后，换来的只可能是“柳暗花明又一村”。

寥寥数语，不尽达意。衷心地希望你度过这个人生的转折期，在“圆梦”以后的大学生涯中勇往直前！

心理学教室

这位同学的不良情绪的产生正值“春困”时期，春天到来，南风轻拂，空气潮湿，植物表现出生机勃勃，阳光、空气、湿度不协调，使人产生一种“气候适应落差”，这种落差也许就是在季节交替时地球绕太阳沿着一条椭圆曲线形轨道在运行，这种天体在宇宙中的运行轨迹可能随着地球绕太阳相对运动时的惯性方式而有所改变，这种改变有可能造成相对接近或相对远离的现象，也许有失重或超重的现象……地球发生着的这些改变当然要影响到地球上的生物，人类是最敏感的生物体，有可能身心出现疲劳，感觉不适，甚至坐立不安。这种现象随着时间的推移，地球绕太阳转的轨迹正常以后就能自然消失。当人们遇到这类现象，即使是吃药打针也没用，只有从科学方面领悟才是治本之方。

（湖南工业大学　陈　鹏）

72. 弟弟抬轿我坐轿

来访者自述

我是一名大一的学生，父母原来都是国企大厂的工人，由于方方面面的原因都下岗了，去年我考上了这所全国唯一开设包装艺术设计专业的高校。父母和弟弟都知道这所高校在艺术设计方面独树一帜的地位，积极支持我上这所大学，弟弟竟然背着我中途退学赴沿海打工，帮助父母筹集我上大学的所有经费。弟弟的手足之情使我一直不能平静下来，我为什么这么不幸，刚好轮到我要生存，我要发展，我需要培养的关键时刻父母下岗。弟弟也和我一样，他还是个男孩，更需要生存与发展，更需要教育，更需要培养，他怎么这么任性，一意孤行。只想我念完大学这件事，是不是我对不起他？是不是我生不逢时？是不是我不应该考上这所学校，或者父母本来就不应该生下我？我整日郁郁寡欢，这种心境能完成学业吗？请老师帮助我吧！我到底是怎么啦？

心理师分析

你所讲述的故事很感人，简直催人泪下。

我的感觉与你一样，沉甸甸的，好像智慧被一种什么无形的东西裹着，真不知道怎么给你开导疏理。总的体会是你目前的脑子已被内疚和自责挤得满满的，看样子一次给你解释还不行，希望你多找我几次才能彻底地解决这些内心的矛盾与冲突。

本来青春期就是一个充满矛盾的时期，你却比别人又多了许多内心的矛盾，背着沉重的思想包袱，顶着压力来学习，在大学里“艰难度日”，时刻在想：我上大学的机会是用别人的前途换来的呀！

其实，你这样的家庭，全国已经是成千上万了，不是什么稀奇事。有这样两个故事可能对你有所启发：

一对农村父母生下了三个小孩，最小的是男孩，两个都是姐姐，父母除了种田之外，在家里开了一个小店，供三个小孩分别念高中、初中、小学。家里日子过得很清苦，真的只有粗茶淡饭，客人来了也只有一碗茶，没有香烟招待，亲戚朋友的人情暂时免去，自己家里也不做大事，也争气不向亲友借钱给小孩读书。他们对孩子读书的政策也很开放，三个小孩从星期一到星期五都是在学校念书，一放学就要回家做事，不管天晴下雨，只能吃了晚饭以后才能看书做作业，星期天无条件服从父母安排操持家务，不准出去交朋友，不准坐下来看书，做作业（除学校集体安排活动外）。家里不辅导，更不去请家庭教师，不重读，父母不管什么事情不到学校说情，学校怎么办就怎么办。如果谁考上了初中、高中、大学，父母卖家什、当土地也供应学费；如果没考上，既不准埋怨自己更不能埋怨父母。这种家庭政策出台以后，大女儿真的没有上高考分数线。父母断然决定一不复读二不找关系，支持大女儿到沿海地区打工去了，他们的任务是培养下面两个小孩，并再次嘱咐这两个小孩，政策不变，前途是自己的，自己争取到什么程度就是什么程度，父母能帮就帮，没有考上不要埋怨任何人，埋怨也没用。

另外一个农村家庭，一对夫妇也有三个小孩，其大女儿聪明能干，是天生读书的料，两个弟弟调皮读书成绩平平。不负众望，大女儿考上了一所省级普通高校以后，父母一边高兴，一边流泪。父母开了一个家庭会议，说："姐姐通过自己努力已考上了大学，父母会千方百计想办法送她去读书，你们两个弟弟只要考得上也送进大学里去，有言在先，如果两个弟弟没有考上大学也不怪父母亲只培养了姐姐而忽视了弟弟，那我们爹娘今后的生活你姐姐要负担 50%，两个弟弟合起来 50%，因为上了大学以后参加工作干技术活，收入高，没上大学的弟弟只能干普通的工作，收入可能较低。"

摘引上述两个家庭的情况，给我一个印象是：家家有本难念的经呀！你家里的经济比他们家的还好一些！你幸运的是你是姐姐，比弟弟先出生，又考上了大学，上大学的机会自然而然地降临到了你的头上，这样弟弟只能选择"丢卒保车"。你并没有错，弟弟也没有错。从家庭来分析，这是一种双赢政策。单从目前弟弟一方来论，他是吃亏的一方，他为姐姐作出了让步，作出了牺牲，你不必要把自责内疚的责任都压在心头上。

还有，你在大学念书整日郁郁寡欢是毫无意义的，而应该想想办法来弥补一下弟弟的损失。建议可以向学校申请银行助学贷款，其中包括在学习期间的学费和生活费，自己利用假日、晚上的时间去做家庭教师，争取不用家里的钱。这样，父母就可以想办法来供弟弟上学。

如果以上举措成功，你就马上可以把弟弟从沿海召回来，即使一两年没有上学，这也没有关系。我们学院里也有 25 岁以后才来读书的，稍微晚点毕业，生理、心理都趋于成熟，还可以缩短社会化进程，说不定还有好处。

你目前的内疚并不是坏事，是一种强大的自我激励的力量，可以将压力转化为动力，这可能是走向成熟、走向成功的催化剂。

心理学教室

在自然界中，万事万物都可以转化，有所改变，只要认识到这一点，接受这种认识就能与时俱进。不管是谁，都不要因目前的小事而介怀。情况的转化机遇时时有，就看自己能不能“切住跳动着的脉搏”。

（湖南工业大学　陈　鹏）

73. 又想父亲又怕父亲

来访者自述

我从小就在一个没有爱的家庭环境中长大，我的父亲非常专横，对我母亲也很凶，时常打我，说我没有用，长大了也没有出息。现在我已经上大学了，我很想念父亲，但又怕他，我很自卑，长期处在又想又怕的氛围中。这种心态有办法改变吗？

心理师分析

看来你父亲是一个集中国传统男子汉的家长典型代表，所以你长期处在一个“没有爱的家庭环境”中，这种思维定势是造成你长期在想与怕中徘徊的一个原因。还有一个原因你把父亲“长大了也没有出息”的话记在心中，长期对自己施加不良的自我暗示，这是产生自卑感的另一个原因。如果把这两个“宝典”搁置于心，那将是继续摧残你的“定时炸弹”。

要想自己获救，必须要搬走这两枚“定时炸弹”。

你已基本长大了，又进了大学，大学毕业之后又可以参加工作，那时人格相对独立了，经济也相对独立了，父亲管你的能力自然就弱了，你对家庭的依赖也越来越小了，父亲老了以后还需要你来照顾他的生活，这怎么“凶”得起来呢？只要去掉他的这些“咒语”，去掉他长期施加你的不良暗示，然后换成自己的积极暗示，你的自卑感就会一扫而光。这是你建立自信最重要的一步。

心理学教室

从发展的观点来看，家庭中的“角色定位”可以转化，因为在社会生活中，万事万物均在发展变化之中。斗转星移，沧海桑田，这是自然界的一种变化规律。目前的不好就会长期的不好，这是“愚人”之见，“塞翁失马，焉知非福”。要警惕乐极生悲，坚信否极泰来。要坚信外因是变化的条件，内因是变化的根据，外因通过内因起作用。还要懂得量变可以引起质变，小变会带来大变，要“风物长宜放眼量”。

（湖南工业大学　陈　鹏）

74. 大学硬与中学不一样

来访者自述

据父母说，我生下来脸上有一块白斑。读小学中学时，伙伴们都玩得开心，加上又是农村，人与人之间关系很好，这脸上的白斑并未给我带来什么不悦。

走进大学以后，这城市却不比农村，人人都爱美，即便脸上没有斑点的女大学生还要乔装打扮，美容梳妆。由于我脸上长有天生的白斑，女同学不与我玩，很少与我来往，男同学就更加不会看我一眼。俗话说，英雄爱美女，我这“丑女”连普通男同学也不理睬，我很孤单，整日郁郁寡欢。我真不知道日子怎么过，毕业之后又怎么找工作哩?

心理师分析

爱美之心，人皆有之，作为一名女大学生更懂得美的含义和它的作用了。美是人的自由本质在生命活动过程中的感性升华，美作为沟通自然界的必然和精神界的自由，是融合理性和感性的理想境界，其本质属性是不能单纯由精神规范和自然法则来决定的。美作为感性形式与理性内容的完美结合，体现了人的自由发展和对人和自然的和谐适应。美，无论是见之于物性，还是归之于人性，都是通过以自由为中介的物性与人性的相容为之基本的形式和内容的，美也是主客体双向建构的结果。

人的情感是审美心理中最为活跃的、最富于创造性的因素，感受、体验、想象、评价等都伴随着情感的活动。它不仅对诱发和推动审美心理过程起着推动作用，而且本身也是一种积极的审美建构因素。

因此无论你有斑还是无斑，别人接不接受你，首先还是你自己的亲身感受，只要你自己接受了自己，然后塑造良好的自我形象就够了。心理咨询与治疗的最终目的是使人改变个性，完善人格。审美欣赏的根本原因不在别人，而在于你自己，要尽量地使自己找到快乐和自我，心中充实的那份自尊、自信的那种内心体验，即“登山则情满于山，观海则情满于海”。

心理学认为，情感的生理基础是刺激物作用于相应的感受体时产生的反应过程。你可能在乎别人对你的反应，心理有一种思维定势，我比不上其他女大学生漂亮，可能有人看不起我，于是你就会在生活中尽量地去寻找人家对你的“冷”的言行，好使自己去对号入座。现在你根本不要把这些放在心上，只要按照自己的计划去搞学习，提高自身素质，使自己有一定的实力，这实力可能就是各方面的综合素质了。你成功了，别人也不会在乎你脸上的什么斑了。我校有一位副教授，天生脚一瘸一拐的，行走极为不方便，但他数学课教得好，在校内有一定的威望。家里人和学校里的师生都很尊重他，从没有人叫他“跛子”什么的。他自己也根本不在乎这些，精神状态很好，身体也好，每天活得很开心，特别喜欢与年轻大学生谈心。

以上讲了这么多，请你悦纳自我吧，一切烦恼都会消失的。

心理学教室

在现实生活中，看任何问题不能以点代面，以偏概全，只见树木不见森林，全盘否定和全盘肯定都不合乎哲理。要学会多角度、多层次看待事物，要看到尺有所短，寸有所长，在大好形势下要看到有不利的方面，处于低谷时要看到光明与前途，无论是自然科学还是社会科学，无论是对宏观世界的整体把握，还是对微观世界的认真对待，每个人、每个团体都有自己的“盲点”与局限性。意识到这一点，对于增强理智感，减少麻木性，减轻心理负担都是有益的。

（湖南工业大学　陈　鹏）

六、友情与爱情

75. 什么是爱情

来访者自述

最近一位男孩向我写了一封信，其中有一句“I love you.”。这句英文很容易翻译，那就是“我爱你”。目触这个词我倒糊涂了，为什么他会说这句话?“爱你”有什么含义？爱情又是什么内涵？我特地向您请教，望你给我一个明确的答复并保密。

心理师分析

谢谢你对我的信任，最近我查了一下苏联著名教育家苏霍姆林斯基关于爱情方面的解说，并结合我国当代心理学方面的理论给你说说，看是不是对你有帮助。

苏霍姆林斯基认为：什么叫爱情，每一个人对它的理解都各不相同。我认为爱情是一种美和力量。美是爱情的男女双方都存在着一种美好的感情；力量是爱情有一定的推动力，影响人的力量，让人更加热爱生命、珍惜生活，还可以克服人生很多困难。

这是对爱情诗一样的解释，比字典上的条文更有力量，爱情是男女双方都渴望对方成为自己终身伴侣并且互相向对方承担责任和义务的那种敬慕感情。爱情就是美和力量，不会因为生命的结束而消失，它会作为一种精神而永远流传人间，以它永远的魅力来影响一代又一代人。

心理学告诉我们，青年对异性的感情发展分为这样几个时期：反感期——这是指男女之间的界限很分明；向往期——对异性充满好奇心，一切都不知道，一切又都想知道；狂热期——男女之间彼此不分的那种亲密感情；浪漫期——这种时期带有一定幻想色彩的男女之间那种互相默契的感情；现实期——这是指爱情发展已经成熟，接近于成家的那种精神状态。

现在的难点是，男女大学生很难考虑到爱情要向对方负一定的责任，对社会、对后代负有一定的责任，女同学也不可能有一种母性的崇高责任感。如果没有考虑这些，最好男女同学之间进行平行性的友情交往就可以了。早恋的成功率相当低，只有 2% 左右，失败的例子占了绝大部分，“无花果”给人带来的挫折感特别严重。爱情虽然美好，但毕竟这还只是两个人之间的感情。人生广阔得很，世界也大得很，除了爱情还有许多值得我们去追求的领域。要记住：爱情并不是生活的全部，大学生正在学习阶段，完成学业、立志成才应是主要任务。爱情的给予与接受，不但大学阶段可以拥有，整个人生也都应该拥有，更可以贯穿人生始终。

心理学教室

谈情说爱是男女之间一件很平常又普遍的社会现象，目前高校学生谈恋爱已不是什么新鲜事了。大学生在情感方面应该注意以下几个方面：

(1) 提倡志同道合的爱情观；

(2) 正确处理好读书学习与谈恋爱之间的关系；

(3) 要明白爱情意味着一种奉献和责任；

(4) 恋爱要严肃认真、感情专一；

(5) 爱情建立在互相理解、信任、宽容、尊重的基石上；

(6) 恋爱要注重社会公德、合乎社会规范。

爱情观是对待爱情和配偶的基本看法与态度，也是社会经济制度、政治制度、婚姻制度和社会伦理观念在男女恋爱这种社会现象中的反映和直接体现。男女双方共同培育美好的爱情过程必须要有健康的“恋爱观”作为指导思想，否则便是“苦酒”爱情，这在心理疏导工作过程中经常遇到，究其原因，也就是缺少正确、理智的爱情观。

（山西水利职业技术学院　陈红英）

76. 为什么有些人不顾一切地去捕捉爱情的信息密码

来访者自述

我是您班上的一名男生，好几次鼓起勇气想问一个问题，爱情为何物？为什么那么多人为爱情倾倒，被爱情吸引，甚至忘记了一切而去捕捉与追求？我不知怎么办。您给我指点迷津吧！谢谢！

心理师分析

你提的这个问题既好回答又难讲清楚，课堂上有一些有关大学生校园恋情的现象问题，我想再补充几句话。

爱情既是每个大学生的一种本能，又是一种思想，可以说是一种崇高的道德观念，有时候既是烦恼又是欢乐，既是痛苦又是快感，是充实的个人体验与滚滚的热情奔放……总之，爱情能把人间的种种体验为熔于一炉。

徜徉于现代科学知识海洋中的年轻大学生，正值青春，爱情悄悄闯入自己的心怀，这是理所当然的事，关键是在处理过程中要掌握好分寸。爱情是兴奋与痛苦的多味果，它时而甜蜜，时而苦涩，时而温情脉脉，时而电闪雷鸣。爱情有时是一种超乎寻常的力量，激励自己永远向上，迸发出无法比拟的人间灵性的光芒。

目前社会上流传一句话：爱一个人是需要能力的，这种能力是你如何去爱别人，也包括让你爱的人爱你。

心理学教室

爱情是生活的色彩，也是人类精神世界不竭的动力源泉之一。爱是什么？爱是一门学问，爱是一门艺术，爱是一种力量，大学生对爱情是很渴望的、向往的。

爱情也包含着关心、责任、尊重与理解。爱表示着对被爱对象的关注、责任，完全是一种自愿的行为，是一个人对自己强烈需要的心理反应。

爱情是一对男女基于一定客观物质条件和精神条件以及共同的人生理想、互相真挚的爱慕并渴望对方成为自己终身伴侣的那种最强烈、专一和稳定的感情。爱情是人类特有的情感。大学生的生理和心理日趋成熟，对性的渴望也是不可抗拒的。性是一种强烈的生命冲动，但充满矛盾与困惑，因此心理学家把这一特定时期叫“多事之秋”。处于这一时期也不容易，要多学习，多明白一些事理，多懂得一些科学知识，无疑对自己是有好处的。

（陕西财经职业技术学院　杨欢欢）

77. 爱在心头口难开

来访者自述

爱情是漫长的等待，爱情是一种痛苦的折磨，爱情是人生的一种梦幻。我已经爱上了我们学校里的一个男孩，虽不是一个专业，但同在一所高校里经常碰面，他的身高、气质、长相、说话的体态，甚至笑起来的那种表情也是不能用彩笔来描绘的，更难用文字表述，只能是在心中仔细地品味和领略。“爱你”“喜欢你”，甚至“他就是我的”之类的话，我都没有勇气说出来。作为一个女孩子，不应该这样，可我又忍不住去想，这到底是对还是错？手牵手、肩并肩的男男女女在校园中多如牛毛，而要我去追求一个男朋友却是难于上青天。难道爱情对于我来说，真是一个可望而不可即的梦吗？

心理师分析

看来你是一个比较传统、认真又很内秀的女大学生，对于爱情而言，“爱在心头口难开”，这种滋味真的不好受。你现在缺乏的是勇气和技巧，你的内心很矛盾，主管生理需要和心理需要的“本我”意识在悄悄地对自己说：“哎呀，我年龄确实不小了，可以谈恋爱了，别人在谈，为什么我不能谈！”“本我”的心理意识还理直气壮呢！然而，“自我”的心理意识又在说话：“想找一个男孩作为自己的朋友可以，最好不要早恋。”“超我”的心理意识又在责备着自己：“以学为主，不能三心二意，爱是美好的，那只是对毕业之后找了工作时真正到了谈婚论嫁时的那种权利而言，现在像什么话，简直是无耻！”这是你内心矛盾的生动写照。

心理学家认为人格的真正内涵是由三个部分组成，即“本我”“自我”“超我”。

一个人的内心是一个整体。如果仔细研究，任何人的内心深处是将“我”分为几个部分的。如一个又冷又饿的人，遇到食物或温暖时，他的第一个想法就是急切地想得到这些东西，但很快另一个想法在指责他：偷窃是不光彩的，要走正道，即君子爱财要取之有道呀！这样的例子很多，好像一个人内心有几个人在与自己对话一样。这是“本我”“自我”“超我”三者之间在斗争、在权衡、在协调，所以人们内心才会有矛盾心理的存在。每个人的内心都有着一个不同的自己，他们相互影响、相互制约，最后综合地表现出特定的人格特征。

心理学家还认为“本我”是生活中最原始的部分，是人的欲望和本能的综合，如生存的本能、自卫的本能、竞争的本能，性也是一种本能。“本我”是维持其自身需要的东西，不管用什么方式，只要能获得便可，因为本我遵循生存原则和快乐原则。认识这一点就可以解释有些人自私自利、贪图享受、强食他人、侵犯他人利益，甚至抢劫、骗取钱财等，基本上是“本我”意识在头脑中起作用。

“本我”有时也并不是一个模式，有些人特别爱钱财，有些爱好美色，有的爱美食，有的人特别爱好打扮等，这都来源于一个人不同的生理结构和遗传基因。

“自我”意识是一个人心理意识的主体，是我们感受最直接的思维存在，也就是平常人们常说的真正的“自己”。“自我”包括个人的感知、记忆、思维、情感与情绪等一般的精神机能。“自我”能够指示“本我”应该怎么做，不应该怎么做，理智地处理好“本我”的种种欲望，尽量地符合社会规范和道德的要求，符合法律的要求。“自我”还要调动心理系统的各种防卫机制，以应付各种环境中的刺激与变化，这样保证自己不受侵害。“自我”有去虚存实、去伪存真、去粗取精的功能，保证对敌斗争的种种需要。

“超我”是人格理论中处于最深层次的制约和监督的力量，它是通过人的意识教育之后而获得的，努力与时代、道德、环境等保持一致。不同的时代要求和不同的社会环境，都会赋予“超我”不同的内容。“超我”是一种不由自主的力量，一般人们很难感觉，这是长期学习和修养的结果。需要指出的是，无论是人的自我意识上的划分还是人格的分析，都不是生理结构上的实质，只是心理机能上的划分，认识和理解了这种划分，有利于我们冷静地审视自我内心的世界，找出心理疾病产生的原因，达到人格的自我完善。

你内心的“自我”“本我”“超我”都在起作用，我没有正面和直接回答你所提出的问题，但是看到了以上文字，应该既增长了知识，又懂得了道理，我想你自己的问题也可能会迎刃而解吧！

心理学教室

自己想要得到什么东西，可以大大方方地去商场购买。爱情这东西，倒没那么简单，不能去商场“购买”，也不能去向别人“借来”。

这种“爱在心头口难开”的心理状态是一种恋爱自卑心理。这种“单相思”里存在着若干自卑的心理。“自己比不上人家”“人家不会喜欢我”“我向他求爱不好意思”“谈恋爱都是男性主动，女性被动”……这种自卑心理是意识发展障碍和自我评价不当所造成的，造成恋爱品质评价过低，形成了消极的恋爱心理定势。这种自卑心理除对大学生在恋爱方面产生不良影响外，还在其他方面也可能产生不良影响。遇到这种情况，唯一的办法是找心理专家进行疏导，解决其实际问题。如果长期憋在心里，轻者生活不愉快，学习停滞不前，重者会造成许多心理障碍，这一点要引起注意。

（吉林省长春教育学院　杨晓霞）

78. 两个男孩爱我怎么办

来访者自述

进入大学校园已有两年时间，也许是漂亮的缘故，或是因为学习成绩好，又或者是学生干部的因素吧，有两个男同学都比较喜欢我，愿意与我交朋友。但是我决定要跟他们把话说清楚，不想再与他们有什么来往。下这个决定我是铁了心的，但我一位最要好的女同学诚恳地插了一句话："你又要与他们绝交了。"我被这一句话吓住了，这是因为我以前有一个好朋友，因为我们谈不来，而且我与别人闹矛盾时，他反而帮别人说话，胳膊往外拐似的，心不能贴在一块，所以我写信与他绝交，后来他也没有回音，这样我们就绝交了。这次好友又提到这句话，我怀疑是不是自己出了什么毛病，特地向您来咨询请教。

心理师分析

看得出来，你是一个很有理想也很有主见的女孩子，天生丽质、学习成绩良好，还有一定的组织和外交才能。你不想在校期间谈情说爱，想集中精力干自己的事，实现自己的梦想，这是应该肯定的。

关于你提到与前一个朋友绝交的事情，我也不知道你与他交往的内情与内幕，不过要摆脱一个人或不喜欢一个人，用绝交的方式来处理好像“硬”了一点。看样子你是刚烈型的女孩子。你可以与人家讲道理，采取冷淡和疏远的办法，不一定非要用“一刀两断”这种办法来处理人与人之间的关系。

今后要注意处理人际关系的科学方法，有机会去书店买一本关于交际心理学或处理人际关系的书来读一下，如果在书店一时买不到，到学院图书馆去借，这类藏书肯定是有的。正因为处理的方式与方法“硬”了一点，所以在那位女友在心目中形成了一种思维定势，即“你又……”这不要紧，一个人办事、想问题不要过多地去计较别人怎么认识、怎么看，关键是靠自己拿住准星，要自信，要对自己作出的决定充满信心。一个人的思维与行为如果完全由别人摆布或受舆论的驱使而改变，那就是“变色龙”，这对成长和事业并没有好处。

依我看，你没有什么心理问题，只是一点小小的心理疑惑罢了。去掉疑虑，轻装上阵，好好读书，好好做人，前途是很光明的！

心理学教室

这是一个爱情问题上面的“情感问题的困难选择”。在恋爱动机和需要心理驱使下，不知如何才能做出一种比较合理的选择，再三考虑，顾虑重重。正处于青春期的男女大学生都有过这种心理困惑，“雾里看花”没有准，这种心理不属于什么心理问题，属于正常心理的范围。对于别人提示的一句话，这只是参考指数罢了，信不信完全由自己决定。太在意别人的话可能是一种“尾巴主义”，人家怎么说自己也跟着怎么说，人家怎么做也跟着怎么做，这叫人云亦云、亦步亦趋，完全没有自己的独立性，那就更谈不上什么创造性了。在学习做人上是这个道理，在选择恋人时同样是这个道理。

（吉林省长春教育学院 尹丽娜）

79. 我是不是已卷入了早恋的漩涡

来访者自述

早几天，家里寄来了包裹，我邀了一个男孩子一块去邮局领取，不知怎么，我俩谁也不提出要乘车去，往返十多公里全程步行，不觉得累。如果是搭车，反而缩短了我们谈话的时间，不知不觉到了校门口以后才分手回各自的公寓。彼此先谈国家政治，后谈学校里的事，再谈班级里的事，最后谈我们俩家庭中的一些事情。我们觉得很投缘，彼此都有一种超乎寻常的好感。这种感情突发而至，又是那么强烈，简直是无法抗拒。

从那以后，我满脑子都是他。我是不是已经卷入早恋的漩涡？

心理师分析

我喜欢你的坦诚，你详细描述了你与一男孩的一些友好细节，你并没有做错什么，你对某男产生好感，这是你生理发育和心理发展的一些必然现象。你向我打来电话这其实是一种很正确的做法，是一种心理调节方法，再加上老师的指点，心理的负担就没有了，又会恢复往日的平静。

人生的道路很长，但在认识上你们确实尚未成熟，还在成长之中。要知道爱情之花是美丽的，也有非常丰富的多层次内容。它需要双方都有稳定的社会生活经验和生活能力，以此作为基础和保障，这样才能使爱情之花常开不败。

目前你正处于人生的黄金阶段，是学习的最佳时期，在此期间由于异性给自己带来的好感和愉悦并不是不可以战胜。

如果你决定在大学期间专注学习，不谈恋爱，我建议：

第一，对班内的男同学要广泛地接触，不要分主次轻重。虚心学习他们的长处、优点，这样就会自然而然地不对个别男生特别注意，在心理学上这称为把有意注意向无意注意转移。

第二，多参加课外活动，减少个体活动，尽量把自己的喜怒哀乐融入集体生活中。

第三，努力学会战胜自己，在很多情况下一个人的失败并不是别人打败的，而是自己打败了自己、自己不相信自己而放弃，才走向衰亡的。再加上持久的坚毅，什么困难和心理障碍都可以克服。

心理学教室

恋爱的好奇心理也许在每一个大学生中都有不同程度的表现。一般来说，大学生对恋爱问题既敏感又似懂非懂，表现出强烈的探索愿望和追求体验。这种好奇心既是生理成熟的需要，又是心理发展的需要，属于正常心理范畴。

好奇源于神秘，由于对异性的神秘感，产生猎奇、探索、尝试的方法去探究这个问题。据调查，在爱情问题上由他人主动地传播经验的只有9.5%，而50%则是在无意中接受非系统的传播。由于缺乏正确的对待，为满足好奇心去谈恋爱，去盲目探索的占了绝大多数。在高校有这方面的辅导课，有这方面的专门书籍，如有必要还可以向心理专家请教，虽然不能从具体细节方面给予指导，但可以告诉你其中若干道理，也许从这些道理中你能明白什么，领悟什么，这个问题如果明白和领悟了，自己就会有“怎么办”的方案了。

（安徽省合肥市有张有弛心理中心 陈纪纲）

80. 希望学校加强大学生恋爱观教育

来访者自述

我是学生会的一名女干部，发现校园内男女恋爱问题太多了，有点与校风格格不入，我又没有这方面的专业知识，加上学生做学生的思想工作或心理辅导，人家不会“买账”。这方面我很想向您请教，请告诉我一些这方面的专业知识或提供一些最新信息。谢谢你！

心理师分析

在校大学生谈恋爱再也不是什么新鲜事了，也受到高校管理者和老师们的极大关注，我曾针对某院近500名学生作过一次书面问卷调查。这次调查结果是：大学生主观上不想在读书期间去恋爱，但客观上有一些男女友好的表现，希望老师在理论上多指点，学校抓一下、管一管，使他们树立健康、正面的爱情观，这些问题自然会得到解决。

在接受调查的500名学生中，有56人有恋爱史或正在相恋之中，有异性朋友的比这个数还多，他们认为没有人给予正确引导，老师和领导怕抓这个问题，大部分学生承认他们相恋或与异性友好并没有什么理性思考，只是处于一种情感的需要或者是追求和体验一下自我满足的心理感受。

还要澄清一下，有些人说大学生谈恋爱只是为了打发时间，这种提法或说法不太恰当。因为打发时间有很多方式，可以泡泡图书馆、购物、逛马路、进行体育锻炼，不一定要找异性朋友来打发时间，况且大学生认为时间过剩的并不多。大学时光只有四年或者三年时间，要做的事情很多，社会活动也多，大部分学生都觉得时间是金钱，时间很宝贵。

大学生呼吁教育界领导、老师、心理辅导员或其他关心下一代成长的社会名流、学者等真正深入学生的心理世界中去，对大学生进行健康教育观的引导教育，特别是对男女异性间情感交往方面的教育。大部分同学表示谈恋爱要顺其自然，不要去刻意追求，有时一方刻意去追求另一方，爱情火焰太甚其结果只能是事与愿违。大学毕竟是一个学习的地方，不是谈恋爱的场所，这一点大家都很明白。借此机会，老师也要向社会呼吁：要对当代大学生的世界观、价值观、人生观和恋爱观有一个正确的认识，不要用老眼光看待。

心理学教室

面对大学生恋爱，老师和领导是本着“不支持，不反对，重在引导”的原则。

男女大学生由于对性的好奇，会驱使着自己在这方面有需求与冲动，由于本身的生理与心理并不完全成熟的矛盾造成一些心理失衡，有时竟控制不住性的冲动或抑制不住性诱惑。所以学校还是要采取多种方法来引导大学生正确对待这个问题，保证身心健康发展。

大学生也应加强爱的能力培养。美国心理学家弗洛姆指出：“爱的本质是一种承诺，是以我的全部生命对另一个全部生命的承诺。”这样就要求对自身发展有所培养，包括独立人格的培养、增强勇气和自信心的培养。

（云南省昆明市心桥心理健康研究所　钱锡安）

81. 一个面向家长和老师的报告

来访者自述

我是心理辅导员，近期受某学校邀请，准备给同学们疏导一下“情爱”方面的种种问题，还想请老师指导指导！

心理师分析

“疏导”一词用得好！但疏导的对象应该是家长、老师与同学三方。

我向你提议互动、交流的四部曲。

首先，与老师交流，摸摸他们的观点。

其次，与家长交流，看看他们的态度。

再次，与同学们交流，听听他们的心声。

最后，家长、老师、同学三方一起互动、交流，统一对“早恋”的认知，疏通他们之间的代沟，化解他们之间的对立。

互动、交流包括讲释、游戏、问答、问卷、测量、讨论和调查等方式。在互动、交流中，对所谓“早恋”这一热焦点、敏感、有争议的话题，讨论得特别热烈。

对“早恋”的看法呈现三个大多数：大多数学生认为就不存在“早恋”，或“早恋”是正常的，“早恋”也可以促进学习；大多数家长默认或公开认为“早恋”会耽误学习，担心会有失矜持，甚至可能会违纪违法；大多数老师在意识层面也认为“早恋”的提法不科学，不宜当着学生的面说这个词，但如果异性同学相互吸引、喜爱的行为超过或突破传统的道德底线，往往会按德育的方式进行教育，按违纪的行为进行处理。

紧张与松弛，是文武之道，人生之道，健康之道，也是学习包括考试之道。我了解到，除了个性原因，该班同学“早恋”的共同原因之一竟是对紧张的学习压力的一种调节！——“早恋”可以使人快乐、松弛（且不谈也可以激发向上、促进学习）。在取消课外活动、兴趣小组的情况下，要快乐、松弛，除了吃饭、睡眠，还有什么呢？

心理学教室

“恋爱”，按传统、现代的解释是指未婚男女双方互相爱慕的心理活动和行动表现。就婚姻与家庭来说，“恋爱”是重要甚至是最重要的“手段”。“早婚”，这个词容易界定，是指未到生理和法定结婚年龄而结婚。可这人与人的爱慕之心、爱慕之情，谁能用年龄来界定？谁能说出个具体数字？

当然还有“新潮”的恋爱：正因为在恋爱阶段也不排除性爱，所以当代一些“新潮”的人，有把“恋爱”只当作“目的”的。他们把恋爱的时间拖得很长或把恋爱的对象换得较频繁。也就是“光恋爱，不结婚”。“新潮”，实际上是在恋爱期间，性爱行为冲破了传统的道德底线或在性欲方面一个人的“本我”打败了“自我”而形成的一种现象。

从心理学角度说，男女在儿童期是不忌性别、两小无猜；到了少年期，会有一段时间的“异性相斥”，这是一种“错觉”和“假象”；到了青春期、青年期，就回复到“异性相吸”的“真相”上来。在传统的时代，其“相吸”是隐秘而含蓄的；可到了开放的今天，就变得公开和赤裸，甚至还要赶时髦——谁身边没有个异性朋友傍着，谁就是落伍者。所谓的“早恋”，就是青少年从“假象”走到“真相”的初步“相吸”行为。

从严格意义上说，这种“相吸”不能叫“恋爱”，也不能等同于“新潮”；只是一种异性间本能的性吸引的暂时表现，性意识的萌动，盲目、好奇、懵懂、朦胧的“游戏”

而已，是在幼稚地对成人进行“模仿”罢了，但对婚姻与家庭，他们还没有考虑到；甚至对这到底是什么性质的行为感到迷茫，连自己都不知道或说不清楚，没有真正恋爱的能力、明确的意向和严肃的责任感。

因此，对待“早恋”，建议老师注意五点：

一是不要指责或斥责这是“早恋”，否则就起到一种“暗示”的作用。这些学生的潜意识会说：“哇，这就是‘恋爱’呀？我也长大成人了！为什么光许你们，就不许我们?”

二是不要因担心万一有的“偷吃禁果”怀了孕，就对一万个人进行防范，一见有一男一女在一起走，就像盯“贼”一样。这会弄得“风声鹤唳，草木皆兵”，反倒引起学生的反感或逆反。

三是万一有的怀了孕，首先不要张扬，最好也不要开除；因为这样做，不是挽救学生的积极或最好的办法。20世纪60年代，笔者高中时的一对男女同学就是因为“早恋”在毕业的前夕被开除的，结果没有资格参加高考，虽然他俩的学习非常优秀。这种处分当然是不公平的、错误的；但就因“早恋”或因开除，而毁了前程，并且事后两人也未成眷属，遗憾终生。对这种事“杀一儆百”，不但被杀的不服，就是那一百个也会声援那被杀的，矛盾反而会激化——当事人如果一时想不通，跳了盘龙江，恐怕学校和老师的责任会更大。要“冷处理”，这是最现实的方法。现在医疗技术和医生职业道德会帮助怀孕者刮宫并替其保密。怀孕、刮宫的“现身说法”，这就够当事人反思的了，这比张扬出去、开除要好得多。最近，云南有了“少女意外怀孕救助中心”。怀孕少女可拨打电话与该中心联系，接受医疗救助和心理咨询。

四是客观认知。判断是恋爱还是游戏，主要看是否有明确的意向和严肃的责任感。客观认知包括：①初中以下，不是“早恋”；②高中阶段，校纪里不宜提“早恋”；③大学阶段，不但可能是恋爱，并且也可以结婚。当然，这主要是理论。

五是大大方方地跟同学们讲性。可在客观认知的前提下正面辅导，包括有突破性地宣传、学习“性”的知识、心理动力“力比多”和性心理卫生常识，组织学生进行文娱、体育等集体活动，请心理老师给同学们做关于性心理的辅导，以便顺利排解学生在校期间的性冲动。

六是对于“调节紧张的学习压力”的这一原因或现象，或者恢复课外活动、兴趣小组，或者就什么也不说，顺其自然。

建议家长一定要配合学校，并相信孩子这时、这样的“游戏”是难以持久的——

一是在学生时代，这样的“游戏”或“模仿”（演戏）多半是不成熟的选择，又加进了自己的许多幻想和情绪冲动，容易形成一时的过度狂热和痴迷。

二是在遇到波折如争吵、分离等情况时，容易产生偏激行为。

三是被一种朦胧的性爱意识所主导，缺乏基本的性知识和必要的理智，自我约束力较弱，还有可能在一时的性冲动之下，稀里糊涂地发生并非自愿或事后懊悔的性行为。当然突破道德底线的人和事毕竟是极少数的，我们不能因为可能的1/10000，而把9999个正常现象也一起否定。

四是缺少承诺，大多是没有结果的。有人说，早开的花，是不会有结果的。

五是没有真正恋爱的能力和责任，难以持久，会较快转移或自生自灭。

作为孩子们自己，应当顺利调适“青春期”到“成人期”婚前的爱、情、性欲冲动——

现在的孩子的性发育越来越早，“青春期”后结婚越来越晚。有的甚至是14岁至30岁的16年。一个人婚前需要有性寄托的对象或偶像，有正常性释放、排解的渠道或出路，就像那水库的“溢洪道”。否则，可能会出现“性心理不畅”“性心理障碍”“性行为偏离”等。因此，正常性释放、排解的渠道或出路有如下一些：写在日记里，做白日梦，胴体自我欣赏，进行文体活动，做一些集体游戏，开展一些社交活动，墙上挂着“追星族”崇拜偶像的照片，等等。关于性心理的辅导有客观认知疗法、躲避刺激法、排遣法、意识控制法、升华法、自然“脱敏”、开展“转移”活动等。当然，这些疗法需要在心理老师的辅导下进行，以正常、健康、顺利地处理或解决性冲动。

总而言之，“早恋”这个词就没有个科学的定义，几乎查遍所有权威出版社出版的权威和常用的工具书，都没有“早恋”这个词条。现实中老师和家长对这个词的理解普遍偏激。建议家长和老师多提“喜欢”和“爱心”，少提“恋爱”二字，免提“早恋”二字，避免起到消极的暗示作用。即使发现有突破道德、纪律底线的人和事，也最好首先从“心育”方面解决。

通过跟踪辅导发现，家长和孩子、老师和同学们在这方面的对立情绪或尴尬局面消除了，现在说“早恋”二字的不是家长和老师，而是同学们在互相打趣。没有发现有突破道德、纪律底线的人和事，也没有发现或无法证明全班整体学习成绩明显上升或下降与“早恋”存在因果关系。

（云南省昆明市心桥心理健康研究所　钱锡安）

82. 面对“性梦”怎么办

案例描述

某男，21岁，大学三年级学生。平时性格比较内向，不善于与人交往，从没有和哪一个女孩子特别亲近。然而不久前做了一个梦，梦中居然和别人发生了性关系。梦醒后他愧疚不已，感到犯了乱伦的罪过，无颜面对他人。后来又做了一个梦，梦中和班中的女团支书发生了关系。潜意识中似乎在证明什么，他不相信自己道德如此败坏，竟这样下流无耻，担心团支书因此受到伤害，以致不敢面对她，只要她在教室，他就看不进书，如果单独与她不期而遇，一天便会心神不宁，强烈的罪恶感使他不能安心学习。他担心自己要变成性犯罪分子，有时还怀疑自己是不是得了精神病，为什么会如此不正常。心理的负荷使他不敢入睡，生怕“旧梦重温”，讲又讲不出口，想也想不开，忘更是忘不掉，万般苦闷中他走进咨询室。

心理师分析

使这位大学生苦恼不已的梦叫作性梦。这位大学生之所以不能自拔的原因是荒诞怪异的梦中带有乱伦性质和不存在的可能，使他产生了强烈的内疚心理，以至于怀疑自己，害怕睡觉。人之所以会做性梦，是生理和心理综合活动的结果。梦中的情景，都与梦者平时经验和思想活动有关。由于梦是一种典型的无意想象过程，所以性梦不免荒诞离奇。在性梦中出现的不合常规的性恋动作与性对象既不表明其人格特征，也不表明性梦者的伦理道德修养水平。因而性梦之后完全没有必要自责。

建议用一下方法进行调整：

（1）用认知领悟疗法，减轻他的心理负担和内疚。并对他的性梦做个性分析。从他的情况看，青春期后唤起了对异性的亲近感，而社会规范又使人们必然约束性欲，生理欲望受到心理自律的压抑后，往往会以性梦的方式得以实现。性梦仅仅是梦而已，并不是现实，既不受梦者的控制，也不会伤害所涉及的人，更谈不到人的人格、道德。

（2）加强性格基础的培养，使自己的生命能量得到积极合理的宣泄。平时行动多注意以下方面：

第一，积极扩大人际交往。

第二，保持与异性的正常交往。

第三，积极参加文体活动和社会实践活动。

第四，多阅读有关生理和心理的书籍，提高这方面的知识水平，增加心理的认识、判断能力。

（北京交通职业技术学院　王丽红）

83. 异性恋爱、异性友谊、异性吸引，他到底是算哪一种

案例描述

昆明某中学一男生 A，18 岁，于高三上学期，自称失恋不能自拔，欲请长假在家自学，母亲坚决不让。双方争执不下，母亲带他来寻求心理帮助。

心理师分析

经笔者侧面调查，了解到 A 失恋不能自拔的真相：A 喜欢上班上的女生 B，几次示意、表白，B 都淡淡一笑。B 态度暧昧，这越发使 A 相信 B 对自己有意。碍于情面，B 也应邀与 A 在一起交往，一来二去，交往频繁，A 发现 B 竟也在与 C 交往密切。C 是 A 的同桌、好朋友。于是 A 越发喜欢 B，越发嫉妒 C，认为是 C 在“插足”，声明要与 C“决斗”。C 对 A 说：这完全没有必要！首先我和 B 是异性朋友关系，我们互相交流学习情况，其次，就是恋爱关系，我们的关系早于你大半年，这你是知道的。我没说你“插足”就够高姿态的了！

在 B 的心目中，除了篮球打得好，而长相、学习、家庭条件诸方面，A 都不如 C；并且，B 性格外向，喜欢广交男生，甚至班上有同学说她喜欢“招蜂引蝶”。

经分析，笔者认为是 A 对“恋爱或恋情”、“异性友

谊”和“异性吸引”三者区别不清。通过对其三因素比例的测试，判定A、B是介于“异性友谊”和“异性吸引”两者之间的一种朦胧关系，B、C是介于“异性恋情”与“异性友谊”两者之间的一种朦胧关系。

A承认，欲请长假在家自学，是自己感到没面子、下不了台，不好意思见到他俩，怕同学们议论和笑话。

笔者进一步帮助A分析：本来什么事也没有发生，你突然不上学了，反倒证明“有事”。现在的情况是，C大度，也不当回事，即使是他俩在恋爱，但他们绝对没有考虑责任，绝对没想到这与结婚、成家有什么关系，他都没有同其他男生决斗；而B压根儿就不知道或不在意此事！

经笔者分解、透析、引导和暗示，A这才豁然醒悟，如释重负。这时，他突然发问：“钱老师，既然这样，那你说我还请假不?”笔者说：“你都18岁了，是成人了。什么叫‘成人’？是人格成熟了的人，成人应该为自己的决策和行为承担责任。主意自己拿，决策自己作。”

咨询结束，见他的背影消失，笔者立刻接通他妈妈的电话，嘱咐她见到时A千万不要提“请不请假”的话题！

笔者对A用的是认知改变疗法和分解—化解心理负担技术。

（云南省昆明市心桥心理健康研究所 钱锡安）

84. 大学生的爱情修养是做人的一种标尺

（在一次心理健康讲座上，很多大学生都提出了关于爱情方面的问题要求当面回答，其中女同学这方面提的问题最多，现整理如下。）

大学生 A：苹果落地是万有引力的缘故，学生中恋爱者众多，是不是爱情是人性中的万有引力？

心理师：这句话把青春期男女的爱慕心理提到了一个“理论高度”，竟与鼎鼎大名的牛顿定律相提并论，说明部分同学在研究高校学生爱情这个方面是花了功夫的。

苹果熟透了，加上地球的吸引力就掉在了地上。爱情也有这样的理由：生理成熟，相当于红苹果成熟了，生理成熟自然会导致心理的趋向成熟，产生爱情，这种爱情力量像万有引力一样，能吸引相应的异性，表达了自己的心声，真是可爱。

大学生 B：您在讲座中对大学生相互之间相爱可以理解，表示可以顺其自然地引导这种心态，您是不是就认为大学生在校园中谈情说爱就“合法”了呢？

心理师：大学生进入青春期有好几年了，一般女孩在 13 岁左右，男孩在 15 岁左右进入青春期，在座的同学们均在 20 岁左右，有了性意识，这是事实，应该承认，不承认是不科学的、不实事求是的。你们对自己的爱情未来既感到朦胧又好奇，在揣摩、在观望，老师表示理解。

应该承认，我这里主要讲爱情需运用心理学的原理和方法进行善意的分析和有益的引导，主要是教会科学的方法，用自己的心态去陪伴学生们度过这个朦胧期，我要用教育的营养乳汁来滋润学生的心田，爱护好爱情萌发后的一片片嫩芽，使之健康成长，期待成熟。到中年期后，才可真正领略到“爱情万有引力”的含义，现在你们不可能体会到，因为红苹果并未完全成熟，万有引力虽有，红苹果还没有成熟到马上就会掉下来这一步。如果早摘了红苹果，这苹果肯定是苦涩之果，掉在地上后苹果也会伤痕累累，不好吃，扔掉又可惜。

大学生 C：您把爱情修养提高到“是做人的一个标尺”这个高度，您认为目前大学生应怎样对待这个问题？

心理师：对于大学生，特别是女大学生还是要进行情感教育、道德教育、爱情教育，且潜移默化的环境陶冶胜过说教。高校要创造一种人文环境，要成为一种艺术殿堂、学术殿堂，这种沁人心脾的环境影响力是大学生修养的外部条件，也就是客观条件；再加上多读一些书，思考一些问题这些主观条件配合，个体修养内化，客观环境因素的外化，那一个人的修养就会达到一定的水平，这样就能自然而然地去关闭自己的一些感情的闸门，摆正位置、分清主次，理性地认识世界、认识自己。

爱情修养应该是由感性逐步到理性的过程。作为学校教育，既要考虑到整体的年龄差异，又要考虑到个体差异性，还要考虑到教育的多样性，还有理论水平高低与实践经验是否丰富等因素。要逐步引领学生认识复杂的社会，这一点要向女大学生多言一句，因为爱情方面所引发的问题，吃亏的总是女性。你们不要恐惧，也不要害怕，总之要理智一点，这是经验之谈。

心理学教室

心理专家运用心理学和其他相关学科的理论与技术，通过设计和组织一定的团体活动，引发团体成员的主观体验和感受，从而对其心理状态和心理本质，产生积极的影响，提高心理健康水平。

团体辅导是一种费时少、见效快的方法。大学生在团体中产生一种“场效应”，有时比单独的个体心理疏导效果还好。团体辅导从开始到结束应是积极、热烈激昂、向上的动态过程。在开展团体辅导之前，应有周密的计划与安排。目前这是一种比较流行的心理健康教育的新模式，值得推广。

（湖南工业大学　陈　鹏）

附录　高等学校学生心理健康教育指导纲要

心理健康教育是提高大学生心理素质、促进其身心健康和谐发展的教育，是高校人才培养体系的重要组成部分，也是高校思想政治工作的重要内容。为深入学习贯彻习近平新时代中国特色社会主义思想和党的十九大精神，推动全国高校思想政治工作会议精神落地生根，切实加强高校思想政治工作体系建设，进一步提升心理育人质量，根据原国家卫生计生委、教育部等22部门联合印发的《关于加强心理健康服务的指导意见》和中共教育部党组《高校思想政治工作质量提升工程实施纲要》的工作要求，特制定本指导纲要。

一、指导思想

深入学习贯彻习近平新时代中国特色社会主义思想，全面贯彻党的教育方针，把立德树人的成效作为检验学校一切工作的根本标准，着力培养德智体美全面发展的社会主义建设者和接班人。坚持育心与育德相统一，加强人文关怀和心理疏导，规范发展心理健康教育与咨询服务，更好地适应和满足学生心理健康教育服务需求，引导学生正确认识义和利、群和己、成和败、得和失，培育学生自尊自信、理性平和、积极向上的健康心态，促进学生心理健康素质与思想道德素质、科学文化素质协调发展。

二、总体目标

教育教学、实践活动、咨询服务、预防干预“四位一体”的心理健康教育工作格局基本形成。心理健康教育的覆盖面、受益面不断扩大，学生心理健康意识明显增强，心理健康素质普遍提升。常见精神障碍和心理行为问题预防、识别、干预能力和水平不断提高。学生心理健康问题关注及时、措施得当、效果明显，心理疾病发生率明显下降。

三、基本原则

——科学性与实效性相结合。根据学生身心发展规律和心理健康教育规律，科学开展心理健康教育工作，逐步完善心理健康教育和咨询服务体系，切实提高学生心理健康水平，有效解决学生思想、心理和行为问题。

——普遍性与特殊性相结合。坚持心理健康教育工作面向全体学生开展，对每个学生心理健康发展负责，关注学生个体差异，注重方式方法创新，分层分类开展心理健康教育，满足不同学生群体心理健康服务需求。

——主导性与主体性相结合。充分发挥心理健康教育教师、心理咨询师、辅导员、班主任等育人主体的主导作用，强化家校育人合力。尊重学生主体地位，充分调动学生主动性、积极性，培养自主自助维护心理健康的意识和能力。

——发展性与预防性相结合。加强心理健康知识的普及和传播，充分挖掘学生心理潜能，培养积极心理品质，促进学生身心和谐发展。重视心理问题的及时疏导，加强心理危机预防干预，最大限度预防和减少严重心理危机个案的发生。

四、主要任务

1. 推进知识教育。健全心理健康教育课程体系，结合实际，把心理健康教育课程纳入学校整体教学计划，规范课程设置，对新生开设心理健康教育公共必修课，大力倡导面向全体学生开设心理健康教育选修和辅修课程，实现大学生心理健康教育全覆盖。公共必修课程原则上应设置2个学分、32—36个学时。完善心理健康教育教材体系，组织编写大学生心理健康教育示范教材，科学规范教学内容。开发建设《大学生心理健康》等在线课程，丰富教育教学形式。创新心理健康教育教学手段，有效改进教学方法，通过线下线上、案例教学、体验活动、行为训练、心理情景剧等多种形式，激发大学生学习兴趣，提高课堂教学效果，不断提升教学质量。

2. 开展宣传活动。加强宣传普及，通过举办心理健康教育月、“5・25”大学生心理健康节等形式多样的主题教育活动，组织开展各种有益于大学生身心健康的文体娱乐活动和心理素质拓展活动，不断增强心理健康教育吸引力和感染力。拓展传播渠道，充分利用广播、电视、书刊、影视、动漫等传播形式，组织创作、展示心理健康宣传教育精品和公益广告，传播自尊自信、乐观向上的现代文明理念和心理健康意识。创新宣传方式，主动占领网络心理健康教育新阵地，建设好融思想性、知识性、趣味性、服务性于一体的心理健康教育网站、网页和新媒体平台，广泛运用门户网站、微信、微博、手机客户端等媒介，宣传心理健康知识，倡导健康生活方式，提高心理保健能力。发挥学生主体作用，支持学生成立心理健康教育社团，组织开展心理健康教育活动，增长心理健康知识，提升心理调适能力，积极进行心理健康自助互助。强化家校育人合力，引导家长树立正确教育观念，以健康和谐的家庭环境影响学生，有效提升心理健康教育实效。

3. 强化咨询服务。优化心理咨询服务平台，加强硬件设施建设，设立心理发展辅导室、心理测评室、积极心理体验中心、团体活动室、综合素质训练室等，积极构建教育与指导、咨询与自助、自助与他助紧密结合的心理健康教育与咨询服务体系。完善体制机制，健全心理健康教育与咨询的值班、预约、转介、重点反馈等制度，通过个体咨询、团体辅导、电话咨询、网络咨询等多种形式，向学生提供经常、及时、有效的心理健康指导与咨询服务。实施分类引导，针对不同学段、不同专业学生，精准施策，因材施教，把解决思想问题、心理问题与解决实际问题结合起来，在关心呵护和暖心帮扶中开展教育引导。遵循保密原则，建立心理健康数据安全保护机制，保护学生隐私，杜绝信息泄露。

4. 加强预防干预。完善心理测评方式，优化量表选用，禁止使用可能损害学生心理健康的方法和仪器。科学分析经济社会快速发展、互联网新媒体应用快速推进、个人成长历程、家庭环境等因素对学生心理健康的深刻影响，准确把握学生心理健康状况及变化规律，不断提高心理健康素质测评覆盖面和科学性。健全心理危机预防和快速反应机制，建立学校、院系、班级、宿舍“四级”预警防控体系，完善心理危机干预工作预案，做好对心理危机学生的跟踪服务，注重做好特殊时期、不同季节的心理危机预防与干预工作，定期开展案例督导和个案研讨，不断提高心理危机预防干预专业水平。建立心理危机转介诊疗机制，畅通从学校心理健康教育与咨询机构到校医院、精神卫生专业机构的心理危机转介绿色通道，及时转介疑似患有严重心理或精神疾病的学生到专业机构接受诊断和治疗。

五、工作保障

1. 队伍建设。各高校要建设一支以专职教师为骨干、以兼职教师为补充，专兼结合、专业互补、相对稳定、素质良好的心理健康教育师资队伍。心理健康教育专职教师要具有从事大学生心理健康教育的相关学历和专业资质，要按照师生比不低于1∶4000配备，每校至少配备2名。心理健康教育师资队伍原则上应纳入高校思想政治工作队伍管理，要落实好职务（职称）评聘工作。设有教育学、心理学教学机构的高校，可同时纳入相应专业队伍管理。积极组织开展师资队伍培训，保证心理健康教育专职教师每年接受不低于40学时的专业培训，或参加至少2次省级以上主管部门及二级以上心理学专业学术团体召开的学术会议。充分调动全体教职员工参与心理健康教育的主动性和积极性，重视对班主任、辅导员以及其他从事高校思想政治工作的干部、教师开展心理健康教育知识培训。

2. 条件保障。各高校应落实心理健康教育专项工作经费，配备必要的办公场地和设备。有条件的高校，要建立相对独立的心理健康教育与咨询机构和院（系）二级心理辅导站。要建设校内外心理健康教育素质拓展基地，培育高校心理健康教育优秀工作案例，辐射推动区域和全国高校心理健康教育工作。

六、组织实施

1. 组织管理。各级教育工作部门要切实加强对学生心理健康教育工作的统一领导和统筹规划，积极支持开展大学生心理健康教育工作，要将心理健康教育工作作为高校思想政治工作测评和文明校园创建的重要内容。各高校要将心理健康教育纳入学校改革发展整体规划，纳入人才培养体系、思想政治工作体系和督导评估指标体系。要明确心理健康教育工作牵头负责职能部门，构建校内各部门统筹协调机制，研究制定心理健康教育的工作规划和相关制度。

2. 评估督导。各级教育工作部门要研究制定大学生心理健康教育工作的评价与督导指标体系，组织或委托心理学专家以及实践工作者，定期对学生心理健康教育工作开展评估、督导。评估、督导内容包括学校重视和支持程度、机构设置情况、专项经费保障、师资队伍建设、教学科研、开展辅导或咨询情况以及工作实效等。

3. 科学研究。各级教育工作部门和各高校要推动开展心理健康教育基础理论研究，逐步形成具有中国特色的心理学、教育学学科体系、学术体系、话语体系，促进研究成果转化及应用。开展心理健康教育相关理论和技术的实证研究，促进临床服务规范。开展心理健康问题的早期识别与干预研究，推广应用效果明确的心理干预技术和方法。

全国民办高校和中外合作办学类高校学生心理健康教育工作，参照本指导纲要执行。

后　记

教育部思想政治工作司关于开展2018年《高校思想政治工作研究文库》建设工作的通知（教思政司函〔2018〕21号）指出："对于推动课程育人、科研育人、实践育人、文化育人、网络育人、心理育人、管理育人、服务育人、资助育人、组织育人等'一体化'育人体系建设，打通'三全育人'最后一公里，促进高校思想政治工作质量提升具有重要意义。"

在高校，"心理育人"属于思想政治工作的范畴。心理学有一个很长的过去，但只有一个很短的历史，心理健康教育的历史就更短了。我国大学生心理健康教育的开展是伴随着改革开放而正式开始的。因为传统的原因，我国大学的心理健康工作有两大特色：其一，在很多院校，心理健康教育工作是由学生工作部门主管的，这使得心理健康教育工作与思想德育工作有了天然的、组织上的联系，二者相互帮扶。其二，大学生对心理健康的认识不充分，要么是谈虎色变，一说到心理健康，首先想到的是心理不健康、心理变态；要么是什么问题都与心理联系，在心理健康教育课堂上或是咨询室里向老师提出各种各样的问题，希望能从心理学中得到帮助。

我们正是从上述的两个特点着手，编写了本书。上编介绍了大学心理健康教育的目的、形式、意义等问题，并且着重讨论作了“心育”与“德育”的关系。我们想这对于广大从学生工作中转变从事心理健康教育工作者很有帮助。下编整理了大学生心理健康教育课堂上学生关心的问题的讨论和大学生易出现的心理困扰的疏导案例。在此，我们特意使用了“心理困扰”一词，而避免使用诸如“心理咨询”“心理治疗”等词，我们希望读者也能以较开放的心态来看待这些问题，而不会因为“心理变态”的阴影而讳疾忌医，使得这些“困扰”真正演变为疾病。当然，不可否认，在大学生中的确有学生患有不同程度的心理疾患，虽然相对数量较小。大学生心理健康工作应对这部分学生予以特别的关注，做到早发现、早筛查、早治疗，或者是转向更加专业的治疗机构。

案例的撰稿者有王丽红、赵东霞、龚玲、董冉功、李敬华、钱锡安、曹伟谦、马红、李建红、李星华、韦志兆、郑先如、江强民、陈红英、王铁炼、邵雨萌、李军海、高鹏、鲁彬、杨欢欢、李松、张秀云、杨晓霞、尹丽娜、陈纪纲、刘新民、李明、邹志超、陈鹏、王纪风，同时，何彩霞、武立琴、宋思乐等也予以了工作支持。稿源区域涵盖甚广，既有东北、西北、华北，也有华东、华中、华南、西南。无论撰稿者来自何处，他们都是专门从事心理健康教育和科研的学者、教师，有着极为精湛的理论涵养，也有丰富的临床经验。

此书既可作为大学生心理健康教育课程的配套参考书，使学生从同龄人的提问与困扰中得到启迪；还可作为广大从事心理健康教育的老师、班主任、辅导员，甚至是大学生家长的有益读物。

感谢撰稿者的辛勤劳作，感谢湖南师范大学出版社领导和责编的默默奉献！书中的不当之处，敬请读者指正。

陈　鹏

2020 年 6 月